VOLKER SCHOSSWALD

Die Sergeant-Pepper-Generation

oder

Wie erfinde ich mich neu?

Klänge einer Generation und eine
Auseinandersetzung mit der
Zeitgeschichte meiner Jugend

TWENTYSIX – Der Self-Publishing-Verlag
Eine Kooperation zwischen der Verlagsgruppe Random House und BoD
– Books on Demand

© 2017 Schoßwald, Volker (Text und Bilder)
zweite erweiterte Auflage

Herstellung und Verlag:
BoD – Books on Demand, Norderstedt.

ISBN: 9783740730406

1 Wir und sie	5
2 Revolutionäre Reformation	8
3 Musik, Religion und Identität	14
4 Die neue Identität	19
5 Die Band spielt um ihr Leben	23
6 With a little help… und Joe Cocker	30
7 Kinderbild und Urmutter	35
8 Mit Mantra wird alles besser	49
9 Fixing a hole…	51
10 Loslösung: She's leaving home…	54
11 Künstler for the Benefit of Mr.Kite	63
12 Ein fiktiver Tod	66
13 Fremdes und Vertrautes	68
14 When I'm sixty four…	72
15 Lovely Rita…	74
16 Abschied von der Nachkriegszeit	76
17 Reprise: Rock ist doch alles	82
18 Sinn des Lebens - Klang des Raumes	85
19 …und ein Schnipsel am Schluss	92
20 Interlude: Kommentar eines heute 19-Jährigen	93
21 Penny Lane und Carnaby-Street	101
22 Strawberry Fields	105
23 1967, ein Jahr der Ereignisse	106
24 All you need is love – trotz allem	124
25 Encore: eine Woche Rundfunkandachten	127
26 Quellen u Infos	132

Gewidmet sei dieses Büchlein dem Duo „WirZwei" für seine A-capella-Version von „Strawberry-Fields"

1 Wir und sie

„Sgt. Pepper's Lonely Hearts Club Band", was für ein Thema für Menschen, die sich immer noch so jung fühlen wie damals. Dieses Album spiegelte und prägte eine Generation, die unsere heutige Gesellschaft nachhaltig gestaltete, aber allmählich das Steuer anderen überlassen muss.

Für Jugendliche stellt sich immer die Frage „Wer bin ich?". Sergeant Pepper fungierte seinerzeit als Katalysator. Diese Generation erfand sich gerade neu, aber im Unterschied zum jüdisch – christlich geglaubten Gott, der „ex nihilo" schafft, bediente sich auch diese Generation wie alle vorhergehenden der Versatzstücke der Vergangenheit.

Fünfzig Jahre sind vergangen. Wie feiert man heute seinen 50. Geburtstag? Ich machte es auf einem Bierkeller mit einem Freund zum 100. und wir waren alt genug, uns Live-Musik leisten zu können, mit Musikern, die schon bei „Ihre Kinder" spielten. Außerdem trug eine Sängerin „When I'm sixty-four" vor. Das war zwar etwas übergriffig, stammte aber immerhin von Sgt. Pepper…

Live können wir die Fab Four noch nicht wieder hören[1]. Aber immerhin beginnt Sgt. Pepper mit einem unsterblichen fingierten

---

[1] Dazu müssten sich die anderen beiden, also Paul und Ringo auch noch in der Ewigkeit einfinden… Wer in solche Phantasien abtauchen will, greife entschlossen zu dem skurrilen Roman „Lucy, der Himmel und ich"…

Live-Auftritt. Hören wir uns dieses wirkmächtige Zeitzeugnis wieder einmal an und beschäftigen uns während des Hörens auch ein bisschen mit den Inhalten. Gerade der Abstand von mehr als einem halben Jahrhundert[2] verdeutlicht seine Zeitbezogenheit, die blitzlichtartig ihre Gegenwart abbildete, wie auch nach vorne wies und dies in divergierende Richtungen. Beim Anhören können wir die Anweisung der Rolling Stones aufgreifen, die bei „Let it bleed" auf das Sleeve-Cover drucken ließen: „This record has to be played LOUD!."

Natürlich sind die „Rolling Stones" für uns kein Feindbild mehr. Immerhin werden sie auf dem Cover von Stg. Pepper erwähnt: „Welcome the Rolling Stones" steht auf dem rot-weiß-gestreiften Pulli der Puppe rechts.

Bei den herzblutenden hard-core Beatles-Fans entsteht natürlich sofort die Frage: Welche Version denn? Meine ursprüngliche, die ich 1967 bekam? Mit allen Abspielgeräuschen? Auf einem Mono-Plattenspieler? Oder doch meine CD von 2001 mit dem klaren Sound meiner soliden Anlage? Oder verlasse ich mich auf den „Rolling Stone" und Giles Martin, die mir nahelegen, die Version des Jubiläumsschubers[3] zum 50. einzulegen, die so perfekt überarbeitet ist?

---

[2] Liebe Zeitgenossen, zuckt nicht zusammen. Alter ist Realität, aber auch Feeling.
[3] The Beatles - Sgt.Pepper's Lonely Hearts Club Band (50th Anniv.)

Als Hintergrund der Lektüre passen alle drei Versionen. Und die Gedanken gehen zurück, fifty years ago.

In der Weihnachtszeit vor fünfzig Jahren nahm sich damals meine Mutter[4] ein Herz, forschte nach den Wünschen ihres pubertierenden Sohnes, hörte von den „Bietels" und notierte sich dem Klang nach „Sardschend Peppers Lohnli Hards Klab Bänd". Damit marschierte sie wagemutig zum Haushaltswarengeschäft am Marktplatz, das zugleich Platten vertrieb und war erfolgreich. Der Weihnachtsbaum erstrahlte noch mit echten Kerzen (den Wassereimer daneben), während auf dem Dual-Plattenspieler nach einem konzertanten Auftakt Rockmusik erklang. Sergeant Pepper war ins Wohnzimmer der Mittelschicht einer mittelgroßen Industriestadt eingedrungen. A splendid time was guaranteed for me...

Meinem Vater und meinen jüngeren Geschwistern erklärte meine Mutter: „Das ist jetzt eben so. Er ist in der Pubertät und da gehört es dazu. Das müssen wir aushalten..."[5]

---

[4] Ihrerseits BDM-geschult, RAD-erfahren und jugendsozialisiert in der Zeit des Dritten Reiches, in der es „Negermusik nicht geben durfte.
[5] Einige Zeit später stand mein Vater vor einem weiteren „Mein Sohn ist Beatles-Fan"-Konflikt. Er wollte im Fernsehen (Schwarzweiß, nur drei Sender) den Schluss von „eine Träne im Ozean" anschauen, als ich im Radio hörte, es käme zeitgleich bei der Konkurrenz eine Sendung, in der die Beatles live zu sehen wären. Natürlich setzte sich mein Vater durch – zumindest sein väterliches Herz. Er brach schweren Herzens seinen Film ab (Wiederholungen waren damals nicht zu erwarten!)

2. Revolutionäre Reformation

1967 stach an „Sergeant Pepper's Lonely Hearts Club Band" dreierlei hervor:
- die Musik der bedeutendsten Musikgruppe ihrer Zeit,
- der Weg, auch über die Bildgestaltung des Covers sich künstlerisch auszudrücken,
- und die Betonung der Texte durch den Abdruck auf der Hülle, was als Novum galt.

Text, Musik und Bild: 2017 trafen sich 50 Jahre Sgt. Pepper mit 500 Jahren Reformation. Die Intentionen des Reformators Martin Luther scheinen mit dem Album ungewollt aktualisiert zu werden, auch wenn die führenden Köpfe der Fab Four Katholiken waren und die britische Insel dank Luthers Briefpartner Henry, the Eighth[6] keine lutherische Kirche, sondern die anglikanische Staatskirche hat. In mehreren Interviews während ihrer Tourneezeit betonten die Beatles, dass sie – alle vier – Agnostiker wären. Harrison fand bekanntlich Zugang zum Hinduismus und

---

und ließ mich meine Sendung sehen. Um auf dem Laufenden bleiben schaute er gleich mit und kommentierte den Beatlesauftritt: „Die größte Sensation der Welt!" Ich blickte mich zu ihm um und unterstützte diese verblüffende Einsicht mit einem bestätigenden weisen Nicken. Auch die alten Leute mit 41 Jahren konnten einmal durchblicken.

[6] „I'm Henry, the Eighth" war 1965 ein Hit für „Herman's Hermits", die damit ein Stück von 1910 aufgriffen. Das lag ja damals auch erst 55 Jahre zurück.

fühlte sich dort bis zu seinem Tod beheimatet. Paul blieb distanziert, bis auf einen latenten Glauben an das Gute, wie er es umschrieb.[7] Ringo hingegen, der einen evangelikal-anglikanischen Hintergrund hatte, fand im Alter wieder dorthin zurück. „Thank God!", wie er humorvoll ergänzte.

Durchaus vielsagend sind die religiösen Konnotationen bei „HELP!", dem Film. Es geht um eine Religion, die im hinduistischen Bereich angesiedelt zu sein scheint. Zugleich ist es eindeutig eine fiktive Religion. „Kaila!" bietet ein sehr archaisches Bild einer religiösen Gestalt.

Dieser Film charakterisiert hervorragend die Personen, die hier agieren. Richard Lester greift nicht die fiktive Religion ironisch an, sondern karikiert das Verhalten ihrer Anhänger. Am drastischsten zeigt sich dies am Schluss, als der fanatische Priester plötzlich selbst zum Opfer wird, das sich freuen sollte, geopfert zu werden. Diesen Perspektivwechsel vollzieht der Priester nicht frohgemut. Er ist im Gegenteil absolut happy, als er den Opferring wieder verliert. Triumphierend hält er den vom Ring befreiten Finger hoch. Vermutlich enthält diese Inszenierung viel von dem

---

[7] Allerdings erzählt er vom Nachklang zum 11.9.2001, den er in New York erlebte, dass er zwei Wochen später zum Ground Zero ging und auch in die gesperrte Zone vorgelassen wurde. „Je näher wir kamen, desto mehr drang der beißende Qualm in unsere Augen. Schließlich standen wir einfach stumm da, sprachen ein Gebet – und das war's dann." Er schloss das Erlebnis mit einem Kneipenbesuch ab, weil er jetzt etwas Alkoholisches brauchte. (Rolling Stone März 2014, S.68)

Unmut der Beatles gegenüber der etablierten Religion ihrer Umgebung.

Ich würde ebenso unterstellen: Das trifft das Unbehagen ihrer Generation. Selbstgerechte Kirchenvertreter mit insuffizienter Fähigkeit zur Selbstkritik desavouieren ihre Religion.

Kritisch würde ich als Beatlesfan – allen anderen kann es ja egal sein – auch John Lennon sehen. Sein Love & Peace - Getue erscheint im Rückblick sehr zeitgeistkonform. Nicht nur Brian Epstein gegenüber konnte er sich sehr gemein antisemitisch artikulieren – und wirkt dabei ganz authentisch. Wenn er Brian als schwulen Juden anredet, trifft er gleich zwei wunde Punkte. Wen wundert diese verletzende Aggression angesichts seiner Kindheit, in der Vater und Mutter ihr Kind von sich stießen.

Auch sein „Ich stehe in vorderster Front bei der Frauenbefreiungsbewegung" wird konterkariert durch die Gewalttätigkeit in seinen eigenen Frauenbeziehungen – vermutlich abgesehen von der ödipalen Beziehung zu Yoko Ono.

Beim Vergleich mit der Reformation 450 Jahre vorher zeigen sich weitere Analogien: Luther durchbrach Schranken des Mittelalters, indem er dafür sorgte, dass man Texte nicht nur hören, sondern auch nachlesen konnte: Jedermann.

Für uns als deutsche Rezipienten von Sgt. Pepper war der Abdruck der Texte auf dem Plattencover ein Segen. Wir konnten wenigstens nachlesen, was wir nicht verstanden. Das mag im religiösen Bereich ähnlich gewesen sein: Als die Leute im 16. Jahrhundert lesen konnten, was sie interessierte, verstanden sie es noch nicht unbedingt... Und die Priester, die es studiert hatten, waren auch nicht unbedingt besser dran.

Luther unterstützte neben seinem Engagement für die Alphabetisierung der Bevölkerung seinerzeit die bildende Kunst, da er ihre Bedeutung für die Verbreitung biblischer Inhalte angesichts fehlender Lesekompetenzen erkannte. Das ist bei Sgt. Pepper natürlich anders: Hier erweitert die bildliche Darstellung das Spektrum der musikalischen Aussage, ebenfalls ins Kryptische hinein. Das Coverbild greift die Themen des Albums nicht auf bis auf die Grundaussage: Die alten „Beatles" stehen im Abseits, eine „German Marching Band", wie es der Schöpfer des Covers formulierte, steht im Mittelpunkt und präsentiert sich keineswegs Rock-Musiker-Mäßig. Den Schriftzug „Beatles" bilden Grabblumen.

Der Reformator, selbst ein „Gitarrist", forcierte den Einsatz von Musik, und bei Sgt. Pepper wurde mit einem Mal deutlich, was heute noch viel eindeutiger ist, dass die neue Musik, die Musik der jungen Generation nicht nur Wegwerfmusik für einen Hitparadentag ist, sondern sich in der weiteren Biographie der Hörer wiederfindet. 1967 erwarb ich mir meine erste Gitarre

(30DM), die ich bis heute tatsächlich benutze und der ich damals den für mich idyllischen Namen „Antoinette" gab.

Das Sgt-Pepper-Album signalisiert somit analoge Intentionen zur Reformation: Auch die Beatles wollten Botschaften vermitteln, über Töne, Texte, Bilder. Allerdings sind sie ihre eigene Botschaft, das sah Luther für sich nicht so. Er wollte nicht zum Inhalt seiner Botschaft werden. Das gelang ihm freilich zunehmend weniger. Wir können heute im Überblick über Luthers Schaffen durchaus wahrnehmen, dass er seine eigene Botschaft transportierte und dass er durchaus Star-Allüren an den Tag legen konnte, wenn Konkurrenzreformatoren wie Andreas Karlstadt auf den Plan traten.[8]

Die Beatles als Reformatoren? Das wäre im Verständnis ihrer eigenen Zeit untertrieben. Sie wurden eher als Revolutionäre gesehen, verdammt oder gefeiert. Dass der staatliche Rundfunk (BBC) sofort ein Lied des Albums bannte, enthält eine fast religiöse Komponente. Es erinnert an den Index der römisch-katholischen Kirche, an das Bücherverbot.

Den Plattenverbrennungen der Beatles im nordamerikanischen Bible-Belt kurze Zeit vorher entspricht als Aktion die Ächtung des Reformators durch Kaiser Karl den V, der später bedauerte, ihn nicht gleich liquidiert zu haben..

---

[8] Siehe Volker Schoßwald „Rebellen der Reformation"

Wenn wir das Album vom Anfang bis zum Ende gehört haben – und bei der analogen Wiedergabe mit der Endloszeile den Tonarm hochgehoben haben, konnten wir immer wieder zeitkritische Facetten entdecken. Die selbstgerechte Generation der Erwachsenen (in ihrem Fall auch noch die Gewinner des Krieges) wird infrage gestellt. Letztlich vollzieht sich auf Sgt. Pepper eine revolutionäre Reformation der saturierten Nachkriegsgesellschaft mit ihrem überdimensionierten Gut-Sein-Bewusstsein...

Apropos selbstgerecht: Ich erinnere mich an eine Begebenheit zwei Jahre später. Mit jugendlichem Enthusiasmus und missionarischem Impetus wollte ich die Eltern eines Freundes davon überzeugen, dass die Beatles auch künstlerisch eine hohe Qualität aufzuweisen hätten. Dazu schleppte ich in ihr Haus ein verfemtes Produkt ein: „Hey Jude". Mir war klar: Wenn die Eltern hören, wie toll hier das Klavier, ja, sogar der Flügel gespielt wurde, dann konnten sie gar nicht anders als erkennen, welche musikalischen Fähigkeiten die Beatles hatten und auf welch hohem Niveau sie musizierten. Der Versuch schlug fehl. Ihr Vorurteil wirkte wie Ohropax. Mein Freund landete einige Zeit später bei harten Drogen. Ich sah da einen Zusammenhang. („What did we do that was wrong?")

Die revolutionäre Komponente von Hey Jude erkannten die

Eltern natürlich nicht: Dies war die erste Single der Beatles auf ihrem eigenen Label „Apple". Sie präsentierten sich in den Nachfolgekostümen von Sgt. Pepper aus „Magical Mystery Tour) und nutzten die neue Freiheit, sich gegen die Doktrin kurzer Popsongs aufzulehnen. Eigentlich ist „Hey Jude" nicht besonders lang, aber der endlose Schluss bringt es auf 7 Minuten Laufzeit, viel länger, als das profitorientierte Establishment es vorsah – und unsere radikal liberalen Privatsender heute empfinden so etwas auch wie eine Pest. Denn ihre Hörer wollen den kurzen Wechsel...[9] Eigentlich wären 24 Stunden Medleys das Optimale.

Bei Pauls Konzert auf der New-World-Tour 1993 in Stuttgart sangen wir voller Inbrunst viel länger. Er liebt es, dieses Stück als „sing-along"-Zugabe zu bringen und dann auch noch Männer und Frauen getrennt zu dirigieren und rechts und links und...

3 Musik, Religion und Identität

Am 6. Juli 1957, also ziemlich genau 10 Jahre vor der Veröffentlichung von Sgt. Pepper, trat John mit seinen nach ihrer Schule benannten „Quarrymen" beim Pfarrfest von Liverpool-Woolton auf. Paul demonstrierte ihm seine Version von Twenty Flight Rock und dies war der Beginn einer wunderbaren Freundschaft, - zwar nicht in Casablanca, aber in Liverpool.

---

[9] Daher als Zugabe meine Radiobeiträge im Privatfunk, für die jeweils eine Minute Sendezeit zur Verfügung gestellt wird.

Ihre Karriere begannen die Pilzköpfe also auf einem Kirchengemeindefest, wo John (an der Gitarre) Paul (der dann auch zu einer Gitarre griff) kennen lernte. Diese Karriere beendeten die Beatles schließlich mit der Hymne „Let it be", die inzwischen auch auf Kirchenorgeln gespielt wird – mitunter mit Beifall durch die Kirchenbesucher bedacht.

Zwischendurch jedoch wurden die Musiker von Evangelikalen dämonisiert; in den USA[10] gab es Plattenverbrennungen, die an die nationalsozialistischen Bücherverbrennungen wie auch an Hexenverbrennungen erinnerten.

Inzwischen blieb von den Beatles der Mythos, also etwas Religiöses. Mystisch ist ihr Sgt. Pepper Album, dessen Bedeutung schon daraus leuchtet, dass Kritiker es jahrzehntelang ikonoklastisch zu zermalmen versuchten; wäre es nicht so bedeutend, hätten die Kritiker sich gar nicht mehr dafür interessiert... Weshalb regt sich niemand über meine Musik auf? Weil sich niemand für mich interessiert... für die Beatles schon, aber nicht für deren Kritiker, außer dafür, dass sie die Beatles kritisieren...

Das erinnert an diverse antibiblische Pamphlete: eine

---

[10] Man kann es nicht oft genug betonen: Das, was die US-Amerikaner „america" nennen und für sich beanspruchen, ist nur der kleinere Teil des nördlichen Teils von Amerika. Die Mauer, die Trump bauen möchte, symbolisiert den geistigen Horizont eines wahlrelevanten Teils dieser Nation.

bedeutungslose Bibel würde man einfach nicht mehr zur Kenntnis nehmen. Bei genauerem Hinschauen jedoch gibt es zwar die „Bibel" als Buch mit Inhalten, gegen die man aufbegehren kann, häufiger jedoch ist die „Bibel" nur ein Schlagwort mit unbekannten Inhalten, gegen die oder für die man argumentieren kann. Das erlebte ich früher beim Umgang mit den immerhin noch lebenden Beatles auch immer wieder: Kleinbürgerliche Kritiker unterstellten ihnen dieses oder jenes, um dann glorreiche Schlachten gegen einen imaginären Gegner zu gewinnen – zumindest in der eigenen Wahrnehmung.

So erinnere ich mich an einen Bilderwitz aus der „Hör-Zu", einer verbreiteten Rundfunkzeitschrift. Auf dem Bild sagten Rockmusiker: „War es nicht das Lied ‚ich brauche kein Geld' mit dem wir unsere erste Million verdienten?" Die Beatles hatten den Song „Money" gecovert, in dem sie sehr überzeugend sangen „Money, that's what I want...". Aber dieser eindeutige Materialismus passte den bürgerlichen Kritikern nicht, denn sie hatten zwar dieselbe Einstellung zum Geld, aber leider gar kein Faible für lange Haare.

Beim Koran ist es einfacher als bei der Bibel: Da reicht bereits die Existenz eines Buches, das nur auf Arabisch wirklich gültig ist. Wer will – und viele wollen das -, kann bei allem, was man sagt, behaupten, es stünde darin. Wie viele Muslime lesen schon den Koran... gerade auch in der Bundesrepublik. Andererseits habe ich den Koran gelesen und erlebe Muslime, die damit umgehen wie Esoteriker mit Nostradamus: Sobald etwas nicht absolut klar ist – und das gilt für sehr viel in diesem dicken Buch, wird die eigene Sicht hineingelesen und behauptet, es stünde glasklar im Koran. Tut es aber oft genug nicht.

Beispielsweise deckt sich die Erzählung im Koran über die Geburt Jesu an keiner Stelle mit der aus der Bibel und präsentiert sich noch unrealistischer als bei Lukas – außer in den Versen, in denen die Leute des Dorfes Maria vorwerfen, sie hätte Unzucht getrieben, weil sie ein Kind bekommen habe ohne verheiratet zu sein.[11] Immerhin zeugt der Erzengel Gabriel Jesus und das hat eine wenigstens visualisierbare Komponente.[12] Unrealistisch ist

---

[11] Sure 19: 27. Dann kam sie mit ihm zu ihren Leuten, indem sie ihn auf dem Arm trug. Sie sagten: 'Maria! Da hast du etwas Unerhörtes begangen. 28. Schwester Aarons! Dein Vater war doch kein schlechter Mann und deine Mutter gehörte auch zu den Tugendhaften.' 9. Da wies sie auf ihn. Sie sprachen: "Wie sollen wir mit ihm, einem Kind in der Wiege, reden?" 30. Er (Jesus) sagte: 'Ich bin der Diener Gottes. Er hat mir die Schrift gegeben und mich zu einem Gottesgesandten gemacht. 31. Und Er hat gemacht, dass mir, wo immer ich bin, Segen verliehen ist, und trug mir das Gebet und die Vermögensabgabe auf, solange ich lebe3 2. und pietätvoll zu meiner Mutter zu sein und nicht machte Er mich zu einem Unhold. 33. Und Segen sei über mir am Tag, da ich geboren wurde, und am Tag, da ich sterbe, und am Tag, da ich wieder zum Leben erweckt werde.' 34. Das ist Jesus, der Sohn der Maria - das Wort der Wahrheit, das sie bezweifeln.

[12] Sure 19 Vers 19. Er sprach: "Ich bin nur ein Gesandter von deinem Herrn, um dir einen reinen Sohn zu bescheren." 20. Sie sprach: "Wie

dann allerdings bereits die Fortsetzung, dass Jesus (wohlgemerkt als Neugeborener) mit den Dörflern hart diskutiert (äh, natürlich keinen Widerspruch zulässt; quasi Jesus als ein kleiner Erdogan).

Uns als Zeitgenossen der Beatles verrät das Album eine Menge über diese, unsere Generation. „My Generation" artikulierte sich hier. Die Platte signalisiert die Suche nach einer neuen Identität. „Who are you?" fragten The Who erst einige Jahre später.

Die Supergruppe trat auf dem Cover pseudonym in Erscheinung, fast schon wie ein Novize, der sich für seinen geistlichen Namen entscheidet, weil er sich von alter Oberflächlichkeit distanzieren will.

Dabei verrät bereits der Titelsong auch durch die akustische Simulation eines Konzertsaales eine unaufregende Sehnsucht: Die Musiker wollten als Musiker, als Künstler, die unterhalten, wahrgenommen werden, mit einem anerkennenden Applaus, nicht mit hirnlosem hormongesteuertem Gejohle. Das waren sie 1967 schon länger nicht mehr; ihre Apotheose hatte in vielen Herzen und Köpfen stattgefunden; in sie wurden Heilserwartungen projiziert. In ihren Konzerten, die sie 1966 abrupt beendeten,

---

sollte ich einen Jungen bekommen, wo mich kein Mann berührt hat und ich tugendhaft bin?" 21. Gabriel sagte: "Also sei's. Gott lässt dich wissen: 'Das ist mir ein Leichtes; und wir wollen ihn zu einem Zeichen für die Menschen machen und einer Barmherzigkeit von Uns. Und es ist eine beschlossene Sache.' "22. Da war sie nun schwanger mit ihm. Und sie zog sich mit ihm an einen entlegenen Ort zurück.

konnten sie oft sich selbst nicht mehr hören, und das Publikum sie wohl auch nicht vor lauter Hysterie.[13]

Das heißt aber: es war nicht mehr die konkrete Musik, es ging um etwas Transpersonales. Im Unterschied zu ihrem früheren Idol Elvis Presley, der dann Süßigkeiten in sich hineinschmiss, packten sie den Stier bei den Hörnern und gaben sich eine neue Identität.

4 Die neue Identität

Im Juni 1967 betraten sie die Bühne nicht mehr als Beatles, sondern als „Sgt. Pepper's Lonely Hearts Club Band". Endlich raus aus der alten Verpackung, hinein in eine neue, die bereits im Titel ironische Züge trägt: Wir wollen nicht ernster genommen werden, als wir sind.

Eine neue Identität. Dazu gehörten Gefühle, gehörte Verletzlichkeit, wie nicht zuletzt „With a little help from my friends" signalisiert. Zu dieser Identität gehört die Suche nach religiöser Vergewisserung, wie „Within you, without you" oder „Fixing a hole" anfragen. Zu dieser Identität gehört eine Alternative zum Spätnachkriegsalltag mit seinen sinnentleerten

---

[13] Ich erinnere mich an eine Szene bei einem Konzert von Carlos Santana in Fürth, die nicht die einzige blieb: Der Künstler führte uns an eine ganz leise, sanfte Stelle heran, nur die Gitarre war zu hören. Er baute eine Spannung auf – aber diese Spannung hielt ein einziger (US-amerikanischer) Zuhörer nicht mehr aus und grölte „Yeah" ausdauernd dazwischen. Dadurch zerstörte er die musikalische Pointe – natürlich auch für die hunderte, die gespannt leise geblieben waren...

Ritualen, wie „Good morning" beschreibt oder zu Zukunftsphantasien, wie sie in „When I'm 64" untergründig ironisch oder auch sehnsüchtig ausgemalt werden.

Es ist erstaunlich, wie ein Album, das als musikalische Selbstfindung geplant war, das Spektrum der Identitätssuche fast unbefangen abdeckt. Dabei erscheinen Songs wie „Lucy in the Sky with Diamonds" oder „For the benefit of Mr. Kite" schon wie L'Art pour L'art.

Ersterer, immer wieder als simpler Code für LSD zitiert, erinnert nachhaltig an den Expressionismus; eine kräftige, lyrische, bildhafte Sprache mit kaum zu entschlüsselndem, vieldeutbarem Inhalt, darin gewissen Passagen der Apokalypse des Johannes nicht unähnlich oder auch dem Eindruck, den die Hieroglyphen in früheren Zeiten hinterließen: Bilder, die bestimmt eine Botschaft enthalten, aber welche?!

Vielleicht bringt der Song auch mehr von der Identität von **John Lennon** zum Ausdruck als dass er ein Manifest ist, eine Botschaft enthält. Manchen Menschen erscheint das Leben leicht zu strukturieren und zu gestalten, John Winston Lennon[14] war nicht so gebaut. Seit seiner Zeugung hatte sich das Nicht-Passende

---

[14] Seine Eltern hatten ihn in der Kriegszeit nach Winston Churchill benannt; ein lebendiger Ausdruck des Patriotismus und des Blickes nach vorne... Er selber griff später auf das Pseudonym „(Doctor) Winston O'Boogie" zurück.

aneinander gereiht. Wie sollte er als Kind auf die Reihe bringen, dass die Mama, bei der er lebte, die er liebte und der er vertraute, nicht die Mama war, sondern Tante Mimi.

Wie sollte er es packen, dass dieses seltsame, lebendige und unbeständige weibliche Wesen namens Julia, das immer wieder mal vorbeischneite, sich von ihm Mama nennen ließ, ohne ihm auch nur eine Spur Geborgenheit zu vermitteln...

Kein Wunder, dass er zu **Paul McCartney** fand, dessen Familie auf den Verdienst seiner Mutter angewiesen war und dessen erste Reaktion auf den (frühen) Tod der Mutter die Frage war „Woher bekommen wir jetzt das Geld?". Als vielleicht geschäftstüchtigster Mann des Quartetts war er zugleich der, der am erfolgreichsten sein Familienleben gestaltete – bis der Krebs ihm Linda nahm.

Beim Nesthäkchen tut man sich schwerer. **George Harrison** wurde in den Kreis aufgenommen, weil er sich gefragte Gitarrenriffs angeeignet hatte. Zugleich kam ein introvertierter Junge zu zwei Show-Männern. Beatle werden bedeutete mit der Zeit: Ich muss zu mir selbst finden. George begann dies am frühesten und zielstrebigsten, indem er mit kulturellen Anregungen experimentierte und tatsächlich auch in indischen Traditionen etwas fand, das zu ihm passte. Passte es wirklich? Half es wirklich? Zumindest wurde es sein Markenzeichen auch gegenüber den Platzhirschen. Aber wer seine ab „All Things must pass" weinerliche Stimme hört, ist wenig überzeugt von der Tiefe einer seelischen Hilfe durch den Weg, auf den er sich begeben hatte.

Da kann man sich schon fragen, ob unsere Vorstellungen von stringenten Lebensentwürfen wirklich in die verworrenen Situationen nicht zuletzt jugendlichen Lebens passen. Diese Frage trägt die Antwort noch nicht in sich.

Selbstfindung, eigentlich zunächst eine individuelle Aufgabe, stellte sich 1966/67 einem Kollektiv, das noch dazu in der Öffentlichkeit lebte, weil es eine quasi öffentliche Existenz hatte. Das Individuelle wie das Kollektive trifft sich ausgerechnet in dem Song, den der „Nicht-Singer" der Band, **Richard Starkey**[15] anstimmte: „With a little help from my friends...".

Der ehemals schwindsüchtige und todgeweihte Bube aus Liverpool war musikalisch als erster (freilich auch Ältester) der Vier relativ erfolgreich in der Band „Rory Storm and the Hurricanes"; trotzdem wäre der schmächtige Drummer angesichts seines seinerzeitigen biographischen Ortes[16] nichts ohne die

---

[15] Für Quereinsteiger: „Ringo" hieß der Drummer, weil er sich mit Ringen schmückte, was beim Schlagzeugspielen durchaus sichtbar wurde – und im Film „Help", in dem er quasi die Hauptrolle spielte, ins Zentrum des Plots rückte.

[16] ...und natürlich auch seines geographischen Ortes: Ein Liverpooler Boy, der in Hamburg erfolgreich ist, während drei andere Liverpooler

anderen drei.

Über seine sensible Beziehung zu den drei „Urgesteinen" erzählte der Älteste des Quartetts selbst in der TV-Serie „Anthology" eine anschauliche Geschichte, die sich während der Arbeit am Weißen Album (nackter Titel: „The Beatles") ereignete. Er fühlte sich von den anderen ausgegrenzt und beschloss, die Beatles zu verlassen. Das teilte er ihnen mit - und zwar jedem einzeln.

Da schaute ihn beispielsweise John Lennon entgeistert an: „<u>Du</u> fühlst Dich ausgegrenzt? Das verstehe ich nicht. Ihr habt es doch auf <u>mich</u> abgesehen. Ihr drei steckt doch immer zusammen und lasst mich nicht ran…"

Paul seinerseits meinte erstaunt, George, John und Ringo würden ein verschworenes Trio bilden, und er, Paul, sei der Außenseiter…

Auch George äußerte sich ähnlich. Jeder der Vier hatte also nicht nur den Eindruck, ausgegrenzt zu werden, sondern auch, dass die anderen ganz eng zusammen wären. Sind das die Friends, mit deren Help man doch noch weiter kommt?

5 Die Band spielt um ihr Leben

Das Album startet mit den Geräuschen der Eröffnung eines

---

dort auch herummusizieren. Da trafen sich schon etliche Zufälle.

klassischen Konzertes – noch vor dem Meilenstein „Concerto for Group and Orchestra" von Deep Purple.[17] Mitten in dieses Klanggemälde hinein dröhnt eine wuchtige Rockgitarre: „We're Sgt Pepper's Lonely Hearts Club Band".

Wirklich? „Ihr seid doch die Beatles! Das wissen wir! Ihr seid die Größten, ihr seid die Tollsten, und eure Platten hören wir öfters, als wir für die Schule lernen.,"" so fühlte sich die Fan- „Gemeinde".

1967 sind die Fab Four die Größten. Aber sie erscheinen pseudonym und präsentieren sich in einer Verkleidung, die überhaupt nicht pilzkopfmäßig ist: Phantasievolle, farbige Uniformen. Die Pilzköpfe stehen als Wachsfiguren von Madame Tousauds am Rand...

Es wird – so ist die seinerzeitige und auch spätere Einschätzung – ihr Meisterwerk, aber sie signieren mit einem fremden Namen. „Sergeant Peppers Einsame Herzen Club Gruppe".[18]

„Die Beatles sind bekannter als Jesus Christus", hatte John Lennon unbedarft, aber durchaus selbstbewusst festgestellt. In

---

[17] Während der Aufnahmen zu Sgt. Pepper produzierten „Deep Purple" gerade ihr Debüt-Album „The Piper at the Gates Of Dawn" im Nachbarstudio und schneiten bei der Aufnahme von Lovely Rita sogar herein. (RS 2017 S.50)
[18] Wegen dieses „einsame Herzens" wollte die sexbetonte Schauspielerin Mae West nicht auf dem Cover erscheinen; es schien ihr ihren guten Ruf zu gefährden. (Grasskamp S.14)

manchen Ohren klang dies blasphemisch, aber wenn es stimmte, dann konnte es den Liverpooler Jungs durchaus Furcht einflößen: „He, wir sind nur vier Musiker. Wir sind nicht der liebe Gott!"[19]

Sie schrien um Hilfe, aber sie wurden trotz „Help!" übertönt: „Ihr seid die Größten!". Ikonen, wie man heute sagt.

Ikonen kennt man zunächst aus dem sakralen Bereich, und da sind sie auch anzusiedeln. Die an den Nazis orientierten US-amerikanischen Plattenverbrennungen tragen der Wirklichkeit Rechnung und sind purer Ikonoklasmus, wie zu den Zeiten Luthers, als die Bilder in den Kirchen von den Wänden gerissen wurden und aufgebrachte „Gläubige" die Statuen der Heiligen zertrümmerten. Ziel und Mittel stimmen nicht überein.

Die Heiligen Vier. Immerhin hieß die Rückseite ihrer ersten Single als Beat-Brothers mit Tony Sheridan „O, when the saints..."[20]

Wie sollen vier junge Männer aus einfachen Kriegs- und Nachkriegsverhältnissen einer bombardierten Stadt, aus den Kneipenvierteln von Liverpool und dem Rotlichtmilieu von

---

[19] Bob Dylan hat dieses Thema ausgesprochen und in jenen Jahren mehrfach betont: „Ich bin kein Messias..." Er wollte nicht, dass sich Menschen an ihn hängen, weil er die Erlösung nicht zu bieten hatte.

[20] Aufgenommen am 22.6.61 und als B-Seite von My Bonnie im selben Monat veröffentlicht. Die Nachfrage nach dieser Platte in Liverpool (nicht in Hamburg) brachte den Geschäftsmann Brian Epstein auf den Weg zu und dann mit den Beatles.

Hamburg ihre Theogenese auf die Reihe bringen?[21]

Das schafften sie nicht einmal mit Hilfe ihres Gurus Maharashi Mahesh Yogi, auf den sie nach der Veröffentlichung von Sgt Pepper bauten und mit dem sie zunächst in Bangor zusammentrafen, dann aber in Indien eine transzendentale Meditationsgruppentherapie unternahmen. John Lennon erklärte nach der Rückkehr aus Indien, sie hätten geglaubt, da wäre es etwas Übernatürliches, aber sie hätten erkannt, es seien eben alle nur menschlich.[22] Er relativiert realistisch: „He's just human";[23] das klang nicht verärgert, eher enttäuscht – während Ringo dank Magenverstimmung schon bald die heimischen Herde heimsuchte. Liebe geht durch den Magen, Unstimmigkeit aber auch...

Die Beatles mussten, wollten sich neu finden, vielleicht sogar erfinden. Gelingt das durch einen neuen Namen? Schon früher

---

[21] Hilfreich wäre da ein Blick zum Theologen Jürgen Moltmann („Theologie der Hoffnung, 1964), der in seinem anthropologischen Werk „Mensch" feststellt, dass Menschen immer wieder versuchten, wie Gott zu sein. In Jesus aber wurde Gott Mensch, damit der Mensch Mensch bleiben oder auch werden kann....

[22] Das bezog sich vor allem auf den Auslöser der Distanzierung von ihrem Guru, nämlich dessen fleischlichen Gelüsten, die sich wohl auf die attraktive Mia Farrow konzentrierten. Vermutlich nahmen die Beatles ihm das nicht besonders übel, aber es half ihnen auch nicht besonders weiter...

[23] Freilich hatte er wohl eine abergläubische Angst vor den magischen Kräften des Gurus. Nachdem seine irdischen Annäherungsversuche publik wurden, schrieb John das Lied „Sexy Sadie", ohne den Guru namentlich erwähnen zu wollen. Erschienen auf dem Weißen Doppelalbum.

hatte McCartney pseudonym Songs lanciert, unter anderem mit dem Interesse, sich zu beweisen, dass seine Lieder auch ohne seine Reputation gut sind.[24] Er wollte sich bestätigen, dass nicht der Ruhm den Erfolg fortschreibt, sondern die Qualität. Die Konkurrenten Mick Jagger und Keith Richards praktizierten als Nanker / Phelge ähnliche (erfolgreiche) Experimente.

1967 war für die ganze Gruppe so ein Punkt, an dem sie nicht aus vergangenem Ruhm schöpfen wollten, sondern etwas produzieren, was um seiner selbst willen besteht.

So entstand „Sgt. Pepper's Lonely Hearts Club Band": Es wird Paul McCartney nachgesagt, er habe die Pseudonymisierung der Beatles zum Zwecke der Selbstfindung angedacht. Aber die kompletten Beatles als nicht erkennbare Pseudonymgruppe? Noch dazu live vor einem großen Publikum, wie die Anfangsgeräusche simulieren?

Der Name „Sergeant Pepper" findet verschiedene Erklärungen. Paul erzählte einmal, er wäre gerade auf dem Rückflug von Kenia nach England gewesen, als sein Nachbar Mal Evans ihm für den Tomatensaft „Salt and Pepper" reichte und dies so dialektmäßig aussprach, dass McCartney „Sergeant Pepper" verstand. Darüber lachten die beiden und es prägte sich ihm ein.[25]

Eine andere Richtung gibt die Erklärung vor, dass er zunächst

---

[24] Etwa als Bernard Webb Peter & Gordon
[25] Rolling Stone 2013 S.47

mit einem Titel wie „Jim McCartney's Band" geliebäugelt hatte, weil er an seinen Vater erinnern wollte, der in einer Jazzband gespielt hatte. Immerhin hatte er bereits als 15-jähriger dessen Musik aufgreifen wollen und eine Vorform von „When I'm sixty-four" komponiert.[26]

Der Erfolg war zwiespältig. Wurden sie bis „Revolver" nur als eine ganz tolle und innovative Popgruppe betrachtet, sogar als unbestrittene Nummer Eins, galten sie ab Sgt. Pepper als unerreichbar (selbst für sich selber). Ihr Rückzug aus dem Konzertleben begünstigte ihre Apotheose. Ihr letztes Konzert gaben sie dann fast schon im Himmel: Auf dem Dach der Abbey-Road-Studios am 30. Januar 1969.

Wie gesagt hatten sie kurz vor Beginn der Sgt. Pepper-Produktion ihre öffentlichen Auftritte eingestellt. Bisher auf dem Globus präsent (aus dem Himmel einschwebend mit BEA, gerne verfremdet zu **BEA**tles), mutierten die den Blicken entzogenen Musiker zu mythischen Gestalten, ja, in „Yellow Submarine" sogar zu virtuellen Persönlichkeiten[27]. Ihre Musik ließ sich auf der Bühne nicht mehr reproduzieren; und selbst in den letzten drei Jahrzehnten, in denen McCartney exzellente Konzerte mit Beatlessongs aus der Sgt-Pepper-Ära gab, ließ sich das, was sie

---

[26] Rolling Stone 2013 S.94
[27] Falls diese Wortkombination überhaupt sinnvoll ist. Ich habe da nach der Niederschrift meine Zweifel… bekommen…

seinerzeit auf die Bänder gebannt hatten, nicht live hervorbringen.

Eine neue Band erschien am Pophimmel, aber eine Band, die geerdet sein wollte. Schauen wir uns das Cover an: Die Beatles, wie sie leibten und lebten, sind Teil des Publikums, als Wachsfiguren stehen sie neben der so völlig anderen Band, die nun den Ton angibt und mit klassischen Blechblasinstrumenten ausgestattet ist.

Wir sind also mit dem ersten Song dieses prägenden Albums bei der Frage, die in allen curricularen Lehrplänen als cantus firmus auftritt: Wer bin ich? Eine Frage, die uns durch die Schulzeit begleiten soll mit dem Ziel, beim Schulabschluss eine Antwort gefunden zu haben.

Im Fall der vier Jungen Männer, die monatelang im selben Kellerloch in Hamburg gepennt hatten und die jahrelang in noblen Hotels all over the world zusammen gepfercht waren, die sich selbst als die einzigen erlebten, die kein Autogramm von sich wollten, stellte sich die Frage sogar kollektiv: „Wer sind wir?"

Das hat Richard Lester in "Help!" kurze Zeit vorher, während die Beatlemania bereits umgekippt war, hervorragend szenisch umgesetzt, als der Ring an Ringos Finger über Tod und Leben entschied und die Gruppe sich entscheiden musste, wie sie mit diesem Gefährdungspotential in sich selbst umging. Die amüsante Ironie schwappte immer wieder zum Sarkasmus hinüber und letztlich legte jedes der drei Bandmitglieder, John, Paul und George ihrem Kollegen Ringo nahe, sich seinen Finger amputieren zu lassen, mit mehr oder minder fundierten Argumenten. Das Kollektiv war gefährdet durch das Kollektiv, als es um die Existenz des Kollektivs ging.

„Wer bin ich?" war identisch mit der Frage „Wer sind wir?" Es schien, als gäbe es für die Individuen keine Existenz außerhalb des Kollektivs. Darum musste die Antwort innerhalb der Gruppe zu finden sein. Eine Band ohne Band? Eine Band mit Band? Welches Band wäre haltbar genug für eine tragfähige Antwort?

Die Jungs spielten um ihr Leben, wenn sie Musik machten. Da mischte sich auch die Nicht-Stimme des Drummers ein, der eine Antwort brummte: „With a little help from my friends…"

6With a little help... und Joe Cocker

Die Lieder von Ringo bedurften der Unterstützung des Kollektivs. Zunächst sang er nur Lieder von fremden Komponisten und von Lennon / McCartney, bei denen ihn die anderen drei stimmlich unterstützten. Als er selbst zu komponieren begann, konnte er nur im Gesamtsound bestehen. Eines seiner erfolgreichsten Lieder – aus fremder Feder – hieß „Act naturaly": Spiele natürlich! Spiele so, wie du bist!

Es ging um die Rolle als Filmschauspieler. Bei „A Hard Day's Night" wie auch bei „Help!" wurde er als Mime hochgepriesen, aber er spielte eben den Typen, den er verkörperte: leicht depressiv, der geborene Loser. Immerhin ein Loser, der es zum Millionär gebracht hat. Auf Trommeln schlagen kann doch jeder. Was für ein Idol für Jungs... und zugleich für fürsorgliche Mädchen, die sich um den armen Jungen kümmern konnten.

In „With a little help..." kommt in die Szenen noch das Liebesleben. Das klingt schon aufbauender... Wenn da nicht der Ton der späten 60er mitklingen würde. Die Jungs bauen ihn wieder auf. Aber wie klingt das denn auf Englisch? „I get high with a little help..."

High? Das muss sofort auf den Index! Das ist ein klarer Hinweis auf Drogen! Vielleicht stimmte es sogar. Paul McCartney erwies sich ja als hartnäckiger Verfechter eines Legalize für Marihuana.

Man muss es nicht überinterpretieren, aber man muss es auch nicht unterinterpretieren. Kunst enthält Facetten. Das könnte eine solche Facette sein. „Dann lassen wir es eben mitklingen!" könnten sich die Vier gedacht und auch gelacht haben...

In der Gruppengeschichte klingt durchaus mit: Als Beatle, also jenseits der Existenz anderer Menschen, brauche ich die Hilfe meiner Freunde, der anderen Beatles, um überhaupt noch leben zu können, atmen zu können, reden zu können. Meinetwegen singe ich sogar falsch – meine Freunde tragen mich.

Die erfolgreichste Coverversion bietet einen nachhaltigen Kontrast, Joe Cockers Woodstockhymne. Cocker interpretierte „With a little help from my friends" als Solosänger. Ich erinnere mich, dass ich ihn in zwei verschiedenen Kontexten mit diesem Lied hörte. Das erste Mal war es eine klassische Situation in einer Mehrzweckhalle in Würzburg. Er trat mit unverschämter Verspätung auf, kompensierte dies aber durch seine Präsenz. Am Ende präsentierte er natürlich „With a Little Help From My Friends".

Wie es uns allen im Ohr war, nahm ein unartikulierter Schrei als Klimax der Interpretation eine zentrale Stellung ein: ihm fehlten tatsächlich die Freunde, die er in einer Band finden könnte

– was sich biografisch in seinem Abstieg in den Suff wiederspiegelte und musikalisch darin, dass bei den Liveauftritten sich der ursprüngliche Wechselgesang mit Männern (allerdings mit Falsettstimmen) wie 1969 in Woodstock in den von attraktiven jungen Frauen veränderte, die wiederum nicht nur gut singen konnten, sondern zugleich prototypisch optisch kontrastreich sich präsentierten.

Die zweite Wahrnehmung ist völlig anders. In der Kleinstadt Bamberg spielte er sich vor Publikum warm, wir aber saßen oben am Berg im Biergarten und hörten ihm zu. Da klang der „Urschrei" über den gedämpften Autolärm. Mein Freund Wolfgang und ich hoben unser Saidla frisch gezapften Bamberger Bieres und prosteten uns zu: „So jung komma nimma zsamm!" Cocker als Reminiszenz.

„With a little help from my friends": Die Geschichte nach der Trennung der Fab Four ist turbulent. Doch wenn man sie über die Jahre hinweg verfolgte, konnte man merken: Die Medien geilten sich gerne an Differenzen auf, aber untergründig blieben ihre privaten Kontakte offenbar lebendig.

Die Vier waren wirklich auf den Olymp katapultiert worden. Menschen machten sie zu Göttern[28]. Wenn sie überhaupt

---

[28] Damit blieben sie nicht die einzigen. Geniale Musiker wie Eric Clapton konnten Graffitis lesen, auf denen stand „Clapton is God!". Das war noch zu Yardbirds-Zeiten. Es ist verständlich, dass George

entspannte Kontakte haben wollten, dann brauchten sie eben Götter.

Wen gab es da? Im konkreten Fall ist „Götter" nicht überheblich, sondern ein Gott ist etwas ganz armes, armseliges, weil er so einsam ist. Wer's nicht glaubt, der lese Jean Paul Sartres „Die Fliegen", wo er Zeus zu Ägist sagen läßt: „Es ist das schmerzliche Geheimnis der Götter und Könige..."[29], dass die Menschen mit ihnen machen können, was sie wollen. Oder wie es John und Paul in der in trauter Zweisamkeit[30] gestalteten „Balad of John and Yoko" ausdrückten: „they're gonna crucify me..."

Die Beatles singen bei „With a little Help from my Friends" dialogisch, führen aber fast schon ein Selbstgespräch im Kontext ihrer Isolation. Angesichts der Banalität des Popmarktes klingt es übertrieben, aber man könnte sich an Hegel und seine Vorstellung vom Gang der Weltgeschichte erinnern: der einsame Gott, der Selbstgespräche führt, dem die Phantasie seiner Weltgedanken nicht mehr ausreicht und der seine Gedanken Realität werden lässt, um aus der virtuellen göttlichen Wirklichkeit in die Spürbarkeit zu kommen.

---

später auf der Suche nach einem Freund zu Eric Clapton fand, einem Mitbewohner des Olymps und einem, der im Erfolg auch abgestürzt war, bis ihn ein Freund namens Pete Townsend wieder ins Land der Lebenden holte und zum Rainbow-Concert motivierte.

[29] Sartre, die Fliegen, rororo S.54
[30] Paul spielte dabei u.a. die Drums. George und Ringo waren gerade unterwegs.

Wir sind freilich 1967 auch mitten in der Jugendrevolte. Soziale Dimensionen werden sensibel wahrgenommen und das Schlagwort „Solidarität" gerät zur Weltanschauung. Freunde, also eine Gruppe sind per se solidarisch. Man steht füreinander ein und das passt zum Zeitgeist der jungen Generation, dem sich die Älteren angesichts seiner moralischen Evidenz nur schwer verschließen können.

7 Kinderbild und Urmutter

„Lucy in the Sky with Diamonds" schlug die BBC nach „A Day in the Life" ans Kreuz der indizierten Songs. Klar, die großgeschriebenen Buchstaben ergeben LSD. „Wer suchet, der findet..."[31] sagte Jesus, den man ja auch ans Kreuz schlug, in einer Zeit, als die Römer sowohl in Judäa wie auch in Britannia an der Herrschaft waren...

Nach eigenem Bekunden vertonte Lennon ein Kinderbild seines Sohnes Julian, auf dem dieser seine Kindergartenfreundin Lucy gemalt hatte und eben den Himmel mit Diamanten. Auch keine schlechte Geschichte. Im Internet kann, wer sucht, auch finden, nämlich dieses Bild oder etwas, das dafür ausgegeben wird. In Zeiten von Fake-News gibt es eben auch Fake-Pictures.

Der Text selbst ist surreal. Mit seinen kräftigen Bildern

---

[31] Lukas 11,9

entspricht er der kindlichen Phantasie. Er entfaltet auch ohne LSD Poesie, und er ist poetischer als vieles, was als „Opium für das Volk" von „ernsthaften" Denkern, Dichtern und Schriftstellern verabreicht wird. Viele sehen seiner expressionistischen Sprachgewalt dieses Lied als Zentrum des Albums und damit als Zentrum jener Generation an.[32]

Zu „Lucy in the Sky with Diamonds" gehört die phantastische Wirkungsgeschichte: 1974 stieß der Anthropologe Donald C. Johanson mit seinem Forscherteam in Ostafrika auf ein kleines uraltes weibliches Skelett[33]. Der außergewöhnliche Fund euphorisierte die ganze Truppe und abends hörten die Abenteurer auf ihrem Transistorradio in der Steppe, die als Wiege der Menschheit gilt[34], „Lucy in the Sky with Diamonds". Das schien unterm afrikanischen Sternenhimmel zu passen: So bekam „Evas Mutter" ihren Platz in der Wissenschaft der Anthropogenese als „Lucy". Schon diese Legende macht Sgt. Pepper unsterblich. John

---

[32] Dabei war gerade John neidisch auf die Qualität, die ihr Freund oder zumindest bekannter Kollege Robert Zimmermann alias Bob Dylan vorlegte. Er versuchte, ihm nachzueifern. Dass Dylan für seine Dichtkunst den Nobelpreis erhalten würde, hätte John sicher angebracht gefunden.

[33] Wenig schmeichelhaft: Ihr Alter wurde auf 3,2 Millionen Jahren datiert

[34] Wir übergehen hier die Fundinterpretationen aus dem südeuropäischen Raum durch süddeutsche Forscher, aufgrund derer forsche Journalisten 2017 die Wiege der Menschheit dank zweier Zähne flugs auf unseren Kontinent verlegten...

ist tot, aber Lucy lebt....

Wenn wir dieses Lied hören... Der Sound ist eine Geschichte für sich. Er klingt außerirdisch... und zugleich extrem bodenständig, was die Base-Drum von Ringo dem Hörer einhämmert. Die ist nicht kindgemäß – im Gegensatz zur angeblichen Hintergrundgeschichte des Liedes...

Was die historische Lucy betrifft, zitiere ich aus dem Roman „Lucy, der Himmel und ich". In dieser fiktiven Szene unterhalten sich John Lennon und Lucy, die angebliche Ahnfrau der Menschheit:

„Dann wollen wir nicht länger stören..." flötete Lucy. Sie packte mich an der Hand... „Für meinen Ewigkeitsnamen bin dir allerdings ewig dankbar."

„Was passierte denn mit der echten Lucy?" entschlüpfte es mir. Ich hielt mir die Hand vor den Mund, aber zu spät. Johns Augen verdunkelten sich: „Eine traurige Ballade. Das ewige Leben mag seine Reize haben. Das macht aber den Tod nicht besser."...

„Ich hatte ja nicht so viel mit all dem zu tun. Um den Kindergarten und Julian kümmerte sich Cyn..."

Lucy brummte dazwischen: „Einen Schrott hast du dich interessiert! Wie ein Spielzeug konntest du Frau und Kind in die Hand nehmen und weglegen. Deine Musik war super, aber dein Charakter..."

„Lucy! Es geht hier nicht um mich. Und es geht dich auch nichts an." Er schüttelte ihren Blick ab wie einen Käfer, der sich im Haar niedergelassen hat. Dann fuhr er mit weicher Stimme fort – Sympathie hin oder her, als Objekt, vor dem er sich produzieren konnte, taugte ich immerhin: „Unbestritten avancierte die poetische Lucy als Titelfrau meines Songs zum

Superstar. Aber die echte, kleine Lucy wurde eine brave Hausfrau außerhalb meiner Sphäre. Einige Male begegnete ich ihr sogar. Auch sie starb jung, Ende vierzig. In unserer Mitte trug sie das Ikonenwesen durch den Äther. Ein Lupus hatte ihr Immunsystem zerstört. Jetzt schwebt sie durch den Himmel ohne Diamanten."
   Lucy blickte böse: „Sarkasmus, Zynismus... das gehört doch nicht hier her. Allmählich sollte die Liebe und Achtung in dir siegen. Es wird Zeit!"

Freilich sind die Verse von „Lucy in the Sky..." expressionistisch und das macht ihre Besonderheit aus. Ich als Hörer entwickle sofort eigene Bilder in meinem Kopf. Selbst wenn ich das physische Umfeld der Beatles nicht kenne – in diesem Fall vor allem London – entsteht in mir etwas wie ein Film.

Das wird schon durch das erste Wort ausgelöst: „Picture yourself..." Heute würde man vielleicht an ein Selfie denken, aber hier geht es eher um ein Gemälde: Du bist auf einem Boot auf dem Fluss. Ich stellte mir dies gleich in einem Park vor, wohl auch, weil dann die Mandarinenbäume und der Orangenmarmeladenhimmel kommen. Der nächste Satz führt schon in Richtung von Wahrnehmung unter Drogen: Du antwortest ganz langsam... dich hat ein Mädchen gerufen, das Augen wie ein Kaleidoskop hat. Kaleidoskop und LSD passt ein Stück weit zusammen: Farben setzen sich immer wieder neu in Beziehung zueinander und verfließen mit angenehmen Strukturen.

Aus der Traumwelt wird die künstliche, als sich gelbe und grüne Cellophane-Blumen auf dem Kopf auftürmen. Deine Gedankenwelt umschwirren bunte Blüten, die nie verwelken. Dann kommt ganz kurz dieses Mädchen, aus dessen Augen die Sonne scheint, die aber gleich wieder verschwindet, so, wie ein schöner Traum, den du festhalten willst, der sich aber ins Nichts auflöst. Das war dann Lucy im Himmel mit Diamanten – wie Diamanten könnten auch ihre Augen glitzern.

Wir bewegen uns immer noch in einer Parklandschaft, wqo wir zu einer Brücke an einem Springbrunnen kommen. Eine Idylle für den Sonntagsausflug. Es klingt, als wäre es eine Jahrmarktatmosphäre, wo Menschen auf Schaukelpferden reitend Marshmellowplätzchen essen. Erwachsene in einer infantilen Welt, die dann auch lächeln, wenn du an den Blumen vorbei ziehst, während diese über dich hinauswachsen.

Dann kommen Zeitungstaxis und wollen dich mitnehmen – in eine realere Welt?. Kaum! Denn während du hinten einsteigst – viele Londoner Cabs fuhren mit offenem Verdeck – und dein Kopf in den Wolken, also der überirdischen Wirklichkeit ist. Schon bist du weg... wie Lucy.

Nun kommt das nächste Bild von dir, in einem Zug auf dem Bahnhof. Diese reale Szenerie bevölkern nun Gepäckträger aus Knetgummi und mit Brillenkrawatten.Alles wird unwirklich, aber extrem bildhaft. Vielleicht sitzt du wirklich mal am Bahnhof, beobachtest die Leute und die Gepäckträger erinnern dich an Figuren aus Knete. Damals gab es noch und heute gibt es wieder Sperren vor dem Zugang zu Gleisen. An so einem Drehkreuz steht wieder dieses Mädchen... Lucy...

Beatlesbild eines Grundschulkindes

Was mich noch immer fasziniert: Die Stimme von John wirkt verändert und damit ein bisschen irreal. Irreal wirkt natürlich auch der Text: Newpaper taxis... und was immer er anfügt...

„Picture yourself..." als hätte er die Selfies vorhergesehen. Angesagt war damals die Polaroidkamera mit der Sofortentwicklung: Man konnte sich aufnehmen und auch gleich ansehen. Tommy Bayer, der begnadete deutsche Liedermacher, schrieb bereits zehn Jahre später ein Lied, wo ein junger Mann mit seiner Freundin ausging, ein Bild machte und dann nur noch das Bild, aber nicht mehr sie anschaute. Denn „Mädchen gehen, aber die Bilder bleiben...."

Es war die Zeit, in der auch das private Filmen erschwinglich wurde und in Mode kam. Die Beatles drehten „Magical Mystery Tour" und vor allem „Strawberry Fields". Ihre Filmerei war nicht mehr das Objektivieren durch ein Objektiv, sondern das Subjektivieren durch das filmende Subjekt.

In der Bearbeitung der Filme konnte durch einfach Rückwärtsspulen jemand auf einen Baum fliegen „on my tree". Im Unterschied zu heute sollte hier nichts gefaked werden, sondern die Magie oder die Mystik kam ins Spiel. Nicht „das Unmögliche wird wirklich..." wie heute oder in der Esoterik, sondern „das Wirkliche wird unwirklich....".

Lucy als Literatur

Gerade bei diesem Lied sollten wir hinüber schauen zu dem anderen genialen Künstler jener Zeit, zu Bob Dylan. Mit ihm und seiner Sprache beschäftige sich vor allem John. Inzwischen wurde Bob Dylan der Literaturnobelpreis verliehen, den Beatles nicht. Gerade „Lucy in the Sky with Diamonds" verdeutlicht, welche Rolle die Sprache in der Musik spielen kann. Hier wird sie zur

Kunst. Anglisten und Germanisten könnten das in der Fachsprache beschreiben, uns Laien reicht es, zu erkennen, das hier nicht einfach Umgangssprache verschriftlicht wird, sondern unsinniges zu Papier gebracht wird und wir doch einen „Sinn" spüren.

Das ist Dichtung. Das ist Kunst. Und zwar nicht um ihrer selbst willen, sondern aus einem Gefühl für Sprache heraus. Als Lied wird das noch deutlicher, denn die Musik unterstreicht die Linien der Sprache. Das Lied prägt sich ein und entfaltet sich über seine sprachliche Grenze hinaus.

Gerade hier bewährt sich der Satz: „Das Ganze ist mehr als die Summe seiner Teile..." Die Musik als solche und der Text als solcher einfach nebeneinander gestellt würden niemals diese Wirkung und damit diese Aussagekraft erzielen wie das Ganze.

An dieser Stelle bietet es sich an, das „Ganze" noch einmal aufzuschlüsseln. Es ist nicht unerheblich, wie solch ein Song arrangiert ist. Es ist auch nicht unerheblich, wer ihn präsentiert. Wenn wir die Erinnerungen von George Martin als Produzenten lesen oder die Aufnahmesessions nachlesen, wie sie Mark Lewinson notiert hat, dann wird immer wieder deutlich: Der endgültige Song wurde nicht einfach durch eine fehlerlose Einspielung gewonnen, sondern zwischen verschiedenen Einspielungen wurde der „beste" bzw. jeweils die „beste" Spur festgehalten. Es geht um Interpretation, nicht um ein sachliches: Das Beste ist, was keine Fehler hat.

Damit sind wir bei der Kunst.

Als Bob Dylan den Nobelpreis für Literatur 2016 erhielt, wurde dies nachhaltig diskutiert, auch unter dem Gesichtspunkt, ob ein Musiker so einen Preis bekommen könnte.

Musik verändert Literatur. Aber sie kann eben Literatur noch literarischer werden lassen. Beim Schlusslied von Sgt. Pepper wird das noch einmal hörbar. „A Day in the Life" ist textlich unglaublich lyrisch. Die musikalische Komponente wirkt ergänzend dazu bombastisch, auch im Wechsel zwischen den Teilen, die jeweils John oder Paul zugeschrieben werden.

„Lucy in the Sky with Diamonds" wäre ein hervorragender Kandidat für den Literaturnobelpreis, sofern dieser für so überschaubare Oevres wie ein einzelnes Lied zuerkannt würde.

Lysergsäurediethylamid

Stolz demonstrierten wir in den 70ern, dass wir wussten, was hinter dem Kürzel LSD steckt. Wie stolz waren wir erst, wenn wir es fehlerfrei aussprechen konnten, am besten so ganz locker nebenbei. Das war der erste Schritt der Bewusstseinserweiterung. Denn darum ging es doch uns bürgerlichen Drogenkonsumenten Ende der 60er. Nicht der Wirklichkeit entfliehen, sondern sie umfangreicher wahrnehmen als die bigotte Elterngeneration mit ihrem begrenzten Horizont.

Übel war damals die Verquickung von hochgestochenen Moralvorstellungen im Kontrast dazu, was die Eltern-, vor allem aber die Großelterngeneration im „Dritten Reich" zu verantworten hatte und nicht verantworten wollte: Millionen von Menschen aus der Nachbarschaft waren im Namen dieses Volkes, zu dem unsere Eltern gehörten, sadistisch ermordet worden. Unsere Eltern und Großeltern wollten uns nun erklären, was gut und was böse war? Dazu fehlte ihnen letztlich die moralische Autorität. Den Lehrern, die jener Zeit entstammten, ebenfalls und bei den Juristen und Politikern wollen wir gar nicht erst anfangen, in Einzelheiten zu gehen. Wer Bigotterie plastisch beschreiben will, geht in die 60er und 70er Jahre nach Deutschland und besorgt sich dazu Vorkenntnisse der 30er und 40er Jahre.

Wir waren zu Recht eine Protestgeneration und suchten nach eigenständigen Wahrnehmungsmöglichkeiten. Mit Lysergsäurediethylamid gelangten wir zu neuen Horizonten. Zu Risiken und Nebenwirkungen fragen Sie Ihren Arzt oder Apotheker oder am besten gleich: Albert Hofmann.

Albert Hofmann entdeckte das LSD am 19. April 1943 bei Experimenten in Basel. Genauer: er experimentierte mit einem Stoff, den er schon fünf Jahre zuvor bei einem Tierversuch für Kreislaufstimulanzen getestet hatte. Durch einen etwas zu achtlosen Umgang mit dem Stoff am 16.4.43 machte er unerklärliche halluzinatorische Erfahrungen.

Im Selbstversuch, wie seinerzeit Sigmund Freud mit Cocain, erlebte er eine neue Welt. "Schon auf dem Heimweg mit dem Fahrrad[35] nahm mein Zustand bedrohliche Formen an. Alles in meinem Gesichtsfeld schwankte und war verzerrt wie in einem gekrümmten Spiegel... die vertrauten Gegenstände nahmen (sc. zu Hause) groteske, meist bedrohliche Formen an. Sie waren in dauernder Bewegung, wie belebt, wie von innerer Unruhe erfüllt..." Aber während hier zunächst[36] das Bedrohliche überwog, machte er gegen Ende des veränderten Zustands faszinierende Erfahrungen: „Jetzt begann ich allmählich, das unerhörte Farben- und Formenspiel zu genießen, das hinter meinen geschlossenen Augen andauerte. Kaleidoskopartig sich verändernd drangen bunte phantastische Gebilde auf mich ein, in Kreisen und Spiralen sich öffnend und wieder schließend, in Farbfontänen zersprühend, sich neu ordnend und kreuzend, in ständigem Fluss." Wer in den 60er und 70er Jahren mit Drogen experimentierte, kam über kurz oder lang nicht um LSD herum und wird Hofmanns visuelle Erfahrungen bestätigen können.

Die Bewertung der Droge und die Interpretation ihrer Wirkung divergieren. LSD gehört nicht zu den suchterzeugenden Stoffen,

---

[35] Also feierte der LSD-Kult-Clan diesen Tag später als Bicycle Day.
[36] Er hatte eine ca. dreifach überhöhte Dosis genommen

anders als Heroin oder Nikotin.[37] Hofmann schrieb: „Der Mechanismus des LSD ist ganz einfach: die Tore der Wahrnehmung werden geöffnet und wir sehen plötzlich mehr - von der Wahrheit."

Diese subjektive Interpretation kann man nicht widerlegen, aber man kann ihr widersprechen: Andere Wahrnehmungen können auch auf Sinnestäuschungen beruhen - wie wir durch Gaukler wissen. Freilich: Wenn wir die Wahrheit auf die messbare Wirklichkeit beschränkten, müssten alle Religionen die entscheidenden Pfeiler ihres Glaubens eliminieren. Wer Religion mit Drogen vergleicht, hat nachvollziehbare Gründe dafür; wer wie Schamanen Drogen in der Religion einsetzt, weiß um deren Nähe...

Die Bekanntheit und Beliebtheit von LSD verbinden viele mit Timothy Leary, dem "Drogenpapst"[38]. Paul McCartney fordert immer noch die Legalisierung von Marihuana. Seinerzeit erklärten er und John allerdings, dass ihr Versuch, durch LSD in neue musikalische Sphären durchzustoßen, erfolglos war.

Zum Vergleich: Auch das Internet[39] ändert unseren Zugang zu

---

[37] Das Verhältnis von Wirkdosis zu tödlicher Dosis liegt bei LSD bei 1:1000, bei Nikotin bei 1:8. Natürlich gehört zu den suchterzeugenden Giften auch Alkohol.
[38] Er kam wirklich in den Himmel: 7gr seiner Asche wurden in den Weltraum geschossen...
[39] Notiz zur Geschichte: am 30. April 1993 machte CERN WWW-

enzyklopädischem Wissen, verändert aber nichts an intellektueller Reife. Intellektuelle Reife hängt mit der Verarbeitung der Widersprüchlichkeiten unserer Welt, unserer Erfahrungen, unserer zerbrochenen Hoffnungen zusammen. Hier wiederum finden wir eine Stärke des christlichen Glaubens evangelischer Provenienz: Jesus lehnte am Kreuz die Einnahme von Betäubungsmitteln (Essig mit Galle) ein: Kreuzestheologen täuschen sich nicht über die Härte unserer weltlichen Erfahrungen hinweg.

Wir können über LSD-Forschung schreiben und dabei darauf hinweisen, dass zeitgleich zu Hofmanns Erfahrungen am 19. April 1943 der Aufstand im Warschauer Ghetto begann und er in einem Land forschte, in das hineinzukommen jüdischen Flüchtlingen verwehrt wurde, was ihren Tod bedeutete.

Zugleich ist für Christen die Wahrnehmung des Kreuzes mit Gottes Tod eingebunden in die Erfahrung der lebendigen Gegenwart Jesu. Das ist eine positive Bewusstseinserweiterung, die zu einer Theologie der Hoffnung führte.

N.B.: Albert Hoffmann starb erst 2008, im gesegneten Alter von 102 Jahren und in einem wachen Geisteszustand.

LSD ist nach wie vor umstritten. Ich erinnere mich an meine fulminante Erstbegegnung. Wir hatten einige Tage in den Herbstferien für das Mathe-Abi gelernt und zum Dank spendierte

---

Software im Internet allgemein zugänglich - wieder mal die Schweiz.

uns der schwächste Mathematiker einen Trip. Die Erfahrung, Farben leben zu sehen, war umwerfend. Ich malte zwei Aquarellbilder und habe noch ihr pulsierendes Leben vor Augen, während das, was materiell übrig blieb, trocken wurde.[40] Wir aßen Leberwurstbrote wie noch nie in unserem Leben mit dem vollen Geschmack und wir lasen Donald Duck, der aus der Zweidimensionalität in die Fünfdimensionalität sprang. Das Verbot, in den Spiegel zu schauen, hielt ich ein, um nicht verrückt zu werden. Die Schlaftablette, um wieder herunter zu kommen, brauchte ich nicht. Ein Spaziergang ins Dorf – es war November – ließ mich das Leben in den Geschäften, deren Innenräume beleuchtete waren, zu Filmen werden. Am nächsten Tag war Sonntag und ich besuchte wie gewohnt den Gottesdienst. Da war wieder alles normal und ich bekam auch kein Opium fürs Volk.

Ich wusste von Anfang an, dass ich das Experiment nicht wiederholen würde, weil mir die Gefahr des Horrortrips zu groß war. Und heute würde ich auch keinem Jugendlichen dazu raten, wenigstens einmal diese Erfahrung zu machen. Da geschieht etwas in unserem Gehirn, das wir nicht im Griff haben. Furchtbar war es, wenn ich mitbekam, was für Lebensgeschichten sich aus einer Fehlfunktion entwickelten. Mein Bewusstsein erweiterten ganz andere Erfahrungen, meistens zwischenmenschlicher Natur.

---

[40] Meine Bilder sind datiert: 1.11.74…

8 Mit Mantra wird alles besser

Nun änderte sich der Klang und es schwingt hinüber zu einem mantraähnlichem Refrain: „It's getting better".

Es waren die Jahre, in denen Emil Coué mit seiner Autosuggestion frustrierten Hausfrauen innere Stabilität versprach. Es war die Generation unserer Mütter. Wieder aber hatten die Beatles und diese uns Zielgruppe. So karikierten sie die Mütter- / Hausfrauensituation durch die Anspielung an „Meet the wife", eine Nachmittagsendung der BBC. Zeitgleich begaben sie sich direkt zu ihrer eigentlichen Zielgruppe, nämlich ins Klassenzimmer: „I used to get mad in my school, the teachers... weren't cool...".

Jugendliche Frustrationsgefühle und der Wunsch nach alternativen Lösungsmodellen jenseits der Leistungsgesellschaft brachten die Millionäre aus den vernachlässigten Quartieren authentisch ein. Vermutlich blendeten die gutbürgerlichen Protesthörerinnen die frauenverachtenden Schlägerbeziehungen von Lennon aus.

Der Text gibt eine Menge Diskussionsstoff her; Beziehungsformen, Umgang miteinander, Aufrichtigkeit vor sich selbst... Der Refrain hingegen pervertierte den Ansatz einer konstruktiven Auseinandersetzung. Es ist ein einlullendes „Es wird besser von Tag zu Tag...". Auf Tondokumenten lallte dies

Yoko Ono für ihren John. Der sah danach alles andere als wie blühendes Leben aus.

Paul seinerseits erzählte dem Biographen, dass seinerzeit auf der Australientour der an den Mandeln operierte Ringo durch den Drummer Jimmy Nicols ersetzt wurde und dieser bei den Interviews, wie es bei ihm laufe, sagte „It's getting better...". Dies wiederholte er so oft, dass es bei Paul hängen blieb und er nach der Tour sich an ein Lied mit diesem Titel setzte.[41]

Es wird schon besser werden: Manch eine/n erinnert dies an gesellschaftliche Diskussionen. Viele Themen oder Impulse hätten einen konstruktiveren Umgang verdient. Aber... Gerade für eine Demokratie kann es typisch sein, dass sich in ihr und auch in ihren Mandatsträgern (Amtspersonen) die Gesellschaft abbildet. Da regiert eben der Kleingeist.

Oder der Heilige Zeitgeist. Ihn entlarvten die Beatles gegen Schluss des Albums sarkastisch unter dem harmlos anmutenden Titel „Good morning". Er startete mit dem Wort „Nothing", das bereits den Wert all dessen, was dann als britischer Alltag beschrieben wird, enthielt. Die Nachkriegszeit ist zu Ende und das Überleben das Höchste der Güter nicht mehr. Aber dazu später.

Wer auf den Sound hören will, nimmt vielleicht seltsame Klaviertöne wahr. Die stammen von George Martin, der eine

---

[41] Hunter Davis nach G. Martin, S.144

Pianette benutzte, also eine Kreuzung zwischen einem Cembalo und einem elektrischen Klavier (Jahrgang 67!). Anders als vorgesehen bediente er die Saiten jedoch mit der Hand[42], gemäß seinem Motto: Ich suche den neuen Klang...

9 Fixing a hole...

Ein Heimwerkerlied scheint dem widersprüchlichen Mantram zu folgen: Ich repariere ein Loch, durch das Regen hereinkommt. Doch auch dieses Lied führt zu einer alternativen Betrachtung des Bewusstseins, denn der Regen verstellt dem Geist (vielleicht sollten wir „Mind" an dieser Stelle so übersetzen) den Weg, sich frei zu bewegen.

Unter den vielen Interpretatoren, um einen Begriff zu kreieren, der in einem neutrales Wort eine negative Komponente fixiert, die Sgt. Pepper auseinanderlegten, fanden sich natürlich auch welche, die hier sofort eine Assoziation zum „Fixen", also Heroin-Spritzen entdeckten. Das passt nun wirklich nicht zu 1967. Lennon machte erst später seine Heroinerfahrungen und schrieb dazu dann sein „Cold Turkey", also jenes Lied über den kalten Entzug von Rauschgift, der alles andere als sentimental ist.

McCartney erklärte „Mending was my meaning."[43] Ihm ging es freilich nicht um lecke Leitungen in Abbey-Road, sondern um ein

---

[42] Martin S.145
[43] im Buch zum 50- Anniversary-Set. S.59

Denken in einem Gehirn, das nicht leckt. Ihm gefielen dabei Wortspiele, die auch zu John passen würden: „If I'm wrong I'm right..."[44]

Auch McCartney greift hier zu einer sehr bildhaften Sprache, um Bedürfnisse und Enttäuschungen zu artikulieren: Dieser Regen, das sind die Menschen um ihn herum, die streiten, die recht haben wollen. Er schlussfolgert: Mir ist es egal, ob ich recht habe oder falsch liege, sondern richtig ist es, wo ich hingehöre.

Siegmund Freud hätte vielleicht sinniert, dass der Verlust der Mutter in ihm das Bedürfnis „irgendwo hin zu gehören" verstärkt haben könnte. Vielleicht. Aber wir müssen auch hier sehen: die Beatles waren von unzähligen Menschen umgeben, die etwas von ihnen wollten.

Paul erzählte zu diesem Lied, dass es auch von seinen Fans handelte. Er wäre eigentlich offen gewesen gegenüber allen Menschen, die es ehrlich meinten, aber eines Tages hätten sie einen weiblichen Fan herein gelassen und am nächsten Tag hätte das Girl mit seiner Mutter dem Daily Mirror ein Interview gegeben und gehaucht: „Wir wollen heiraten..." Da war für ihn Schluss mit der Offenheit: Vergesst es![45]

Viele Menschen umgeben dich. Doch der Ort, wo du

---

[44] ebd.
[45] Wenn man dem Bericht in „Die Beatles" von R. Moers u.a. glauben darf. S.291

hingehörst, ist nicht der, wo man etwas von dir will, sondern wo du dich geliebt und geborgen fühlst.

Das wäre auch nachdenkenswert für Religionen, denen es um Wahrheit geht, um die „rechte Lehre", wo ein Gefühl der „Leere" aufkommen kann, weil du nicht geborgen bist, wenn du um richtig oder falsch streiten musst.

Da gäbe es eben auch ein „Hole", das zu „fixen" wäre. Paul aber kommentierte: Unser Leben sind keine Löcher, in die man etwas füllen kann. Eher passiert es, dass man mit dir Streit bekommt und dich wie Christus behandelt, also kreuzigt.[46]

Paul erzählt dazu eine Geschichte von der Aufnahme zu „Fixing a hole", dass da ein Junge vor dem vorderen Tor auftauchte und behauptete „I'm Jesus Christ". Paul reichte dies, um ihn auf eine Tasse Tee einzuladen und bei der Probe zuhören zu lassen. Seine Freunde fragten ihn, wer das sei und er antwortete, es sei Jesus Christus. Sie kicherten ziemlich darüber und sie sahen ihn nie wieder.[47]

Das Stück selber gehörte zu den Song mit der kürzesten Aufnahmedauer, da Paul sehr schnell wusste, wie alles klingen sollte, er den bestimmenden Bass schnell einspielte und George Martin den Cembalo-Part problemlos übernehmen konnte.

---

[46] Moers ebd.
[47] Anniversary S.59

10 Loslösung: She's leaving home...

Sgt Pepper steht für die Generation der Hippies und Beatniks. Produziert wurde es aber in Merry Old England, in London, wo Bowler-Hat und Umbrella sowie rote Doppeldeckerbusse das Straßenbild prägten. Zugleich war London schon damals multikulti, dank der britischen Kolonialgeschichte.

Dieses britische Album weist eine erstaunliche Dialogfähigkeit auf. Wir finden etwa den Dialog mit anderen Kulturen, wie es das indisch eingefärbte „Within you and without you" zum Ausdruck bringt, aber eben auch den Dialog der Generationen.

Auf „When I'm 64" kommen wir noch. In „She's leaving home" sind die Generationen gezielt durch verschiedene Sänger besetzt (so wie die Freunde bei „With a little help").

In der Jugend geht immer auch um Loslösung. Bei vielen Familien reichte eine Beatlesfrisur schon aus, um zu signalisieren: Ich gehe meinen eigenen Weg. Genial narrativ bringen die Fab Four diesen Generationenkonflikt zur Sprache: „Sie haut ab..." „She's leaving home".[48]

Die Künstler beleuchteten das Geschehen aus beiden Sichten,

---

[48] Unser Englischlehrer präsentierte uns zwei Jahre später dieses Lied, um es im Unterricht zu besprechen. Das war super. Aber nur als Idee, denn wer will schon mit einem „Teacher" darüber reden. Das wäre uncool, wie man heute sagt. Gerade von dieser Erwachsenenwelt will man sich doch distanzieren.

wobei sie verblüffender Weise das jugendliche Verhalten (sie verlässt das Elternhaus, um sich eine eigene Existenz aufzubauen) nur erzählten, die Reaktionen der Eltern aber authentisch („What did we do, that was wrong?") formulierten.

Genial imitieren sie einen Dialog aus Verhalten und Besprechen. Die Argumente der Eltern sind den Jugendlichen vertraut; zugleich suggeriert die sentimentale Vertonung das emotionale Engagement der Eltern[49], das von den Jugendlichen nicht selten als unaufrichtig wahrgenommen wurde. Mir als Vater kommen inzwischen analoge Gedanken und Gefühle, wenn ich die Loslösung von meinem Sohn erlebe, die mein Verstand für wichtig hält, wo mir aber mein Gefühl signalisiert: Auf ihn warten so viele Bedrohungen...

Beim Thema „Eltern" spielte die autobiographische Dimension von John mit hinein, und auch von Paul. Diesbezüglich können wir die Autoren John Lennon und Paul McCartney als Einheit registrieren: Die mutterlosen Jungen waren sich sehr nahe gekommen; manchmal konnten sie wohl die Gefühle des Anderen präziser beschreiben als dieser selbst.

John Lennon erscheint als ein durch die Mutter betrogenes

---

[49] Hier steht John's Stimme im Vordergrund. Das gibt auf seinem biographischen Hintergrund der Szenerie etwas Gespenstisches („We didn't know, it was wrong"). Seine Eltern konnten bei ihrem krassen Verhalten durchaus realisieren, dass es „wrong" war.

Kind, das wiederum seinen Sohn Julian um den Vater betrog.[50] Der Rabenvater John vermag ganz gezielt eine verstörte Mutter nachsingen: „What did we do that was wrong..." und kann sogar noch eine tragfähige Entschuldigung formulieren „We didn't know it was wrong". Mit seinem Sohn Julian war er weniger fürsorglich.

Auch dies schlug sich im Oevre der Beatles nieder. Als John sich offiziell von Cynthia getrennt hatte – und damit auch von seinem Sohn Julian -, besuchte Paul die beiden. Auf der Rückfahrt war er etwas bedrückt und murmelte „Hey Jules, don't make it bad...". Dies wuchs dann zum Lied in ihm heran und er ersetzte „Jules" (Julian) durch „Jude". „Don't carry the world on your shoulder..." Aber was hilft dies einem Jungen, der seinen Vater verliert.

Bei John waren es beide Elternteile, die ihn emotional verstörten. Dass ihn seine Mutter übel im Stich gelassen hatte, besang und beschrie er drei Jahre später auf seinem „Album" urschreigeprägt... Das „Album" betitelte er zunächst „The Primal Album", analog zum Primal Scream[51], und es enthielt auch den

---

[50] Alfred Lennon lassen wir lieber ganz aus dem Spiel. Der kümmerte sich zwar einen Dreck um sein Kind, versuchte aber später, auf die Erfolgswelle aufzusteigen, indem er ebenfalls Lieder veröffentlichte. Dazu fällt mir nur ein Wort ein: Schäbig.
[51] Er unterzog sich damals, 1970 einer Urschreitherapie (Primal-Scream) bei Herrn Janov, zunächst in Tittenhurst Park, wo er mit Yoko Ono

Titel „Mother" („I needed you, but you didn't need me..." eine Zeile, die noch heute zu Herzen gehen kann).

Zwar kommt „She's leaving home" fast kitschig-sentimental daher, doch klammheimlich[52] schafften es die Künstler noch auf die passende Spur, indem sie ein ironisches „Byebye" einfügen.

Das Lied ist wieder einmal ein wunderbares Beispiel für Pauls Erzählkunst. Er platziert die Geschichte genau und lässt sie Mittwochmorgen um fünf Uhr beginnen. Während sich das Mädchen aus ihrem Zimmer und dem Elternhaus herausschleicht, lässt sie einen Zettel liegen, der ihren Eltern alles sagen soll. Wir wissen, wie Jugendliche sind und wie schnell sie unterstellen, dass ein paar Worte den kompletten Inhalt ihrer Gedanken und Gefühle transportieren. Freilich kommen auch manche Erwachsene über dieses Stadium nicht hinaus. Wie ein kleines Abenteuer beschreibt Paul, wie das Mädchen aus dem Haus schleicht. Sie tritt hinaus und ist frei. Dieses Thema hatte auf sarkastische Weise ihr Filmproduzent mit ihnen in „A Hard Day's Night" dargestellt, als sie den Klammern ihrer Star-Daseins vor einer TV-Aufnahme entkommen, durch einen Notausgang entweichen und mit dem

---

lebte, dann in L.A. – Das Album war zudem seine Loslösung von den Beatles, eine Art Neugeburt.
[52] zum Stichwort „Klammheimlich" s.u.

Schrei „Freiheit!" auf die Feuertreppe fliehen.[53] Kurz davor begegnet John einem Schauspieler, der eine Uniform wie später die Beatles auf dem Sgt. Pepper Cover trägt – das ist in einer Variante im selben Film auch auf der Bühne des TV-Studios zu sehen, in dem „Pauls Grandpa" aus der Tiefe auftaucht – zu einem deutschen Operettenbeitrag...

Von der Story her etwas verfrüht erklingen jetzt bereits die Elternstimmen – diesmal kommentieren sich die Elternteile („Sie verlässt das Haus" – „Wir haben ihr unser Leben gegeben, geopfert und alles, was Geld kaufen kann").

Im nächsten Bild steigt die Mutter in ihren „Dressing gown". Heute gibt es diese Morgenmäntel vielleicht gar nicht mehr und wir haben hier wieder eine charakteristische Skizze jenes Jahrzehntes.

Die Szene mit der Mutter wird dramatisch geschildert. Sie steht oben an der Treppe und bricht zusammen, als sie den Brief der Tochter liest. Ob wir Mitgefühl haben oder glauben, dass sie nur hysterisch agiert, hängt von unserer eigenen Lebensgeschichte ab. Auf alle Fälle weint oder schreit sie: „Papa, unser Baby ist..." Die Tochter wird also emotional als Baby betrachtet – für eine Heranwachsende ist dies unwürdig und führt zu dem klassischen

---

[53] In der deutschen Version, die textmäßig der englischen um Klassen überlegen ist. Aber die Bildersprache von Richard Lester ist ebenfalls prägnant.

Kinder-Eltern-Konflikt.

Zweideutig ist in der englischen Sprache das „gone". Es kann sowohl: „Ist abgehaut..." bedeuten wie „ist gestorben". Beide Wahrheiten stimmen. Neben dem äußerlichen Verschwinden ist tatsächlich auch das „Baby" gestorben, wenn die Tochter nun erwachsen ist. Paul erwies sich hier als dichterisch einfühlsam.

Der Schock und die spontane Verarbeitung der Trauer läuft über eine egoistische Reaktion: Das Kind behandelt die Eltern gedankenlos grausam und tut der Mutter Schlimmes an. Diesmal ist der Beitrag der Eltern eindeutig: Sie verteidigen sich gegen Vorwürfe. Dass die Eltern nie an sich, sondern immer nur an das Kind dachten, mag aus ihrer Sicht stimmen. Aus der Sicht des Vaters ist der Kampf ums Leben (struggled hard) nachdrücklich, passt vielleicht auch ein bisschen in Paul's Familienleben. Er passt aber auch zu den Bemerkungen von John in der Rückseite von „Michelle" „Girl": Das Mädchen, das wertvolle Ringe bekommt, erkennt wohl nie, dass Männer dafür sich den Rücken kaputt schuften müssen.

Aber unvermittelt schmeicheln sich die Beatles in dieses Elterngesülze ein und kommentieren knallhart: „Sie geht von zuhause weg, nachdem sie viele Jahre allein gelebt hat." Die materielle Fürsorge ist kein Schutz gegen Vereinsamung der Kinder und mütterliche Liebe kann auch sehr egoistisch sein

("Mein Kind!" mit dem Possessivpronomen).

Dann sind wir bereits am Ende der Woche: Mittwochs entkommt das Mädchen, freitags um neun Uhr ist sie schon weit weg. Sie hat eine Verabredung mit einem Kerl aus dem Autohandel. Das ist sicher kein Zufall, denn die Autohändler gelten als gerissen. Geborgenheit wird sie dort nicht finden, eher falsche Versprechungen, wie so manche Kunden merken konnten.

Inzwischen machen sich die Eltern Vorwürfe und fragen sich, was sie falsch gemacht haben. Ohne fremde Hilfe werden sie kaum auf richtige Antworten kommen, würde ich als Seelsorger sagen, aber die Beatles sehen das genauso: „We didn't know it was wrong…". Bei vielen Eltern kann man darauf zählen, dass sie das Beste für das Kind wollten und doch falsche Wege einschlugen, weil sie es selbst nicht besser wussten.

Meine Eltern waren super – und trotzdem erlebte ich mit der Zeit, wieviel sie in der Erziehung falsch machten.

Die Beatles, Mitte Zwanzig stehen dazwischen, finden für beide Seiten Worte. In der Hauptlinie singen sie „She is having fun…" und kommentieren zunächst, dass „Fun" nicht mit Geld gekauft werden kann. Sie formulieren es klar. Die Werbung propagiert etwas anderes… Deswegen ist Fun inzwischen negativ besetzt und gilt als oberflächlich, ohne tragende Kraft.

Aber sie schließen fast schon psychoanalytisch: "Something

inside, that was always denied, - for so many years..." Hier geht es um Verdrängung, Verdrängung des Bedürfnisses nach Selbstverwirklichung und nicht nur nach Verwirklichung der Ziele, die die Eltern sich ausgesucht haben – oft genug in der Tradition der eigenen Elterngeneration etc....

Immer wieder schleicht sich ein Stück Weltanschauung ein. So zirpen sie, in das Mädchen und ihre Generation hineinschlüpfend „Fun ist he one thing that money can't buy..." Da klingt natürlich ihr Superhit „Can't buy me love" an, der sehr direkt ebenso treffsicher war.[54] Auf Sergeant Pepper, der Artikulation der neuen Jugend, wird aus „Love" „Fun" – manche denken vielleicht an das Lied der Beachboys „Fun, fun, fun". Inzwischen gab es eine Generation, die als Fun-Generation bezeichnet wurde – was sogar in der Selbstdarstellung der damaligen FDP artikuliert wurde, verdeutscht als Spaß-Generation.

Tatsache war, ist und bleibt allerdings dass „Fun" oder „Spaß" keine Lebensgrundlage sein kann, auch wenn Lebensfreude zum Leben unverzichtbar dazu gehört. Aber sein Leben auf „Fun"

---

[54] Vor einiger Zeit unterhielt sich mein damals 8-jähriger Sohn mit einem Gleichaltrigen mit türkischem Migrationshintergrund und dieser gab ihm eine Lebensweisheit mit auf den Weg: „Du musst eben den anderen immer was schenken, dann mögen sie dich...". Es gab mir sehr zu denken, dass ein Drittklässler eine solche Lebenserfahrung kolportierte und hoffentlich noch nicht oft gemacht hatte... Was immer du dir durch Geschenke erwerben kannst, wahre Freunde und echte Liebe bestimmt nicht.

aufzubauen, bedeutet, sich seinen Träumen als Kind hinzugeben, dass immer nur Nachtisch isst. Jeden Tag, morgens, mittags und abends Nachtisch. Ein Traum! Aber das ist keine sinnvolle Ernährungsweise.

Fünfzig Jahre später sind die Eltern von damals schon verstorben - John und Paul waren ja damals bereits Halbwaisen, und die jugendlichen Hörer oft Eltern bis Großeltern, die auf die Ernährung der nachwachsenden Generationen achten.

Jetzt können wir es aus der Sicht von Eltern und Großeltern verifizieren: Haben die jungen Artisten von damals den Eltern aus dem Herz gesungen? Eine Antwort auf die Frage erübrigt sich, da Eltern nun mal nicht deckungsgleich sind, aber für mich kann ich sagen: Meine Versuche, es besser zu machen, sind teilweise ganz gut geglückt – und dann merkte ich zunehmend, dass mir die Fehler dort unterliefen, wo ich mit nichts rechnete. Das ist freilich enttäuschend. Ich wollte doch nicht zu den Eltern gehören, die von den Beatles, den Helden meiner Jugend, kritisiert wurden.

2013, also über vierzig Jahre später hörte ich Al di Meola mit einer Interpretation dieses Liedes[55]. Es war rein instrumental und er verband Flamencoelemente mit biederem Akkordeonsound. Musikalisch präsentierte er es exzellent, aber es lebte davon, dass das Original der Beatles im Ohr war. Vom Inhalt des Songs

---

[55] 27.10.13 in Fürth in der Kofferfabrik

konnte dieser Ausnahmegitarrist wenig transportieren, da die Stimmen unverzichtbar zum Dialog gehören und ihm auch die satirische Note mit der sehnsuchtsvollen Ironie verleihen. Bei aller artistischen Weltklasse dieses Gitarristen fehlte seiner Interpretation die Verbalisierung. Menschen der Sgt.-Pepper-Generation, die beim Konzert in der Fürther Kofferfabrik zahlreich vertreten waren, konnten jedoch den fehlenden Text in Gedanken ergänzen. Das geschah automatisch und ließ spüren, wie tief dieses Lied in so manchen Hörer eingedrungen ist.

11 Künstler for the Benefit of Mr. Kite

„Being for the Benefit of Mr. Kite": Der Künstler selber sah sein Werk kritisch, der Produzent hielt es für absolute Spitze.[56] Man kann beide verstehen: Der Text ist keine Dichtung im originalen Sinn. Lennon schrieb vieles von einem Zirkusplakat ab.[57] Aber: Er bearbeitete es auf seine Weise. Im Grunde genommen ist dies das Wesen der Kunst: Die Welt hat Gott geschaffen, der Künstler arbeitet nur mit dem, was schon vorliegt.[58] Aber wie er es gestaltet, das macht die Kunst aus.

---

[56] Hertsgaard S.244
[57] Wiederveröffentlicht mit der 50-Years Präsentation – mein Sohn Martin, also die nächste Generation schenkte sie mir zum Geburtstag in dem Wissen: Hier erreiche ich die Seele meines Vaters. Stimmt!
[58] Faszinierend: In der hebräischen Bibel ist für Gottes Schöpferhandeln ein eigenes Wort eingesetzt „Bara" (Bereschit bara Elohim

In seiner ganz späten Phase begann Pablo (auch ein Paul) Picasso, alte Meister nachzumalen. Aber was herauskam, erkannte selbst der kundige Laie als eindeutige Bilder von Picasso[59].

Bei Mr. Kites Plakat entwickelten die Fab einen echten Sgt. Pepper Song: eine tolle Collage. Da wurde mit Tönen, Zwischentönen, revitalisierten Tönen und allen möglichen Klangfarben experimentiert und an kleinsten Varianten gefeilt.

Der besondere Wert dieses Songs liegt darin, dass hier die produzierenden Musiker ihren künstlerischen Spieltrieb ausleben konnten. Wie bei so manchen Kunstwerken ist es allerdings so: Die Feinheiten hört man nur, wenn man die Hintergründe kennt. Beispielsweise sollte eine alte Dampforgel vom Jahrmarkt eingesetzt werden. Doch dafür war es leider zu spät, es gab keine mehr. George Martin experimentierte letztlich mit zwei verschiedenen Orgeln, einer Hammondorgel und einer Lowryorgel, die John und er spielten sowie einer Bassharmonika, die Mal Evans blies. Diesen Sound mischte er.[60]

Zudem sammelte Martin Aufzeichnungen von Kirmesorgeln mit so netten Titeln wie „Stars and Stripes Forever" und diversen

---

haschamaijim wä haarätz). Dies wird nie Menschen zugesprochen.

[59] Ganz unterschiedlich, aber mit eindeutig demselben Effekt: „Las Meninas nach Velázquez" 1957 und „Das Frühstück im Freien nach Manet", 1961. Interessanterweise verglich George Martin die Produktion von Sgt. Pepper mit der gefilmten Arbeitsweise von Picasso, der eine Glasplatte bemalt: Martin S.39.

[60] Martin S.124

Militärmärschen befand. Er kopierte sie auf ein Tonband und ließ dieses von Geoff Emerick, dem Toningenieur zerschnipseln. Dann erinnerte er sich an seine Verabschiedung von den Marinefliegern, wo er 260 Pfund in Scheinen bekommen hatte. Damals hatte er das Bündel von Scheinen und warf es in die Luft, um es vergnügt wieder einzufangen.[61]

Diesmal warf er die Orgelschnipsel in die Luft, ließ Geoff sie aufsammeln und beliebig zusammensetzen. Wo es zu gut klappte, drehten sie einfach die Richtung des Bandes um. Es blieb der beeindruckende Klang und kein Hauch einer (wieder-) erkennbaren Melodie.

George Harrison verglich später Mr. Kite mit einem Möbelstück einer bestimmten Epoche mit einem eigenen Charme, der nicht einfach in eine andere Welt übertragbar ist. Heute würde er vermutlich sagen: Eine digitale Version von Mr. Kite verliert an Charme, es muss Vinyl und ein Monoplattenspieler sein. Vermutlich hätte er Recht.

Ich habe bis heute Schwierigkeiten, durch alte fränkische Dörfer über Pflasterwege mit dem Auto zu fahren. Das passte nicht. Lieber gehe ich zu Fuß und das Stadttor und stolpere

---

[61] Martin S.125f. vgl. Hertsgaard, S.245 Ich machte mir dieses Vergnügen ebenfalls einmal, als ich für einen Verkauf eine für mich ungeheure Summe in Geldscheinen bekam. Ich fühlte mich wie Dagobert Duck und George Martin wird es ähnlich gegangen sein.

irgendwann über einen herausstehenden Pflasterstein. Mr. Kite gehört in eine andere Welt und Sgt. Pepper für einen Musikliebhaber auch: Vielleicht sogar ein Plüschsofa mit einem Dualplattenspieler.

Damit endete dann die erste Seite der Platte.

Die Fab Four probieren sich aus…

12. Ein fiktiver Tod

Wie ging es wohl weiter? Oder schaue ich mir zwischendurch das Cover an? John ist tot. Oder war es doch Paul? Ältere Herrschaften erinnern sich: Bei Sgt. Pepper erschien im Nachhinein ein Phänomen, das Germanisten wie auch Theologen vertraut ist.

Es gibt nicht nur die Exegese (Paul McCartneys Vater wurde 64, als „When I'm 64" veröffentlicht wurde), also ein Herauslesen aus dem Text, sondern auch die Eisegese (LSD als Lysergsäurediäthylamid), also ein Hineininterpretieren in den Text: Zwei Jahre nach der Veröffentlichung von Sgt. Pepper spezialisierte sich die Presse auf das Gerücht, Paul McCartney sei tot. Da half auch sein sprechender Körper nichts, das konnte ja ein Doppelgänger sein[62].

Zur Untermauerung ihrer Thesen zogen die Eisegeten auch Sgt Pepper heran, etwa aus dem letzten Lied die Zeile „He blew his mind out in a car". Forsche Journalisten interpretierten dies als: Er hauchte seine Seele aus in einem Auto – also ein tödlicher Autounfall; es könnte aber auch bedeuten: er blies sich den Verstand heraus in einem Auto – also er rauchte einen Joint.

Erschreckenderweise zeigte das Cover die Bassgitarre von Paul gebildet aus Blumen. Friedhofsblumen? Zudem stand er im Innenteil mit dem Rücken zum Betrachter, während die anderen diesen entgegenschauten. Jeder Schriftsteller, dem zu seinem Text nichts rechtes mehr einfällt, könnte glücklich sein über dieses Potential an aufregenden Phantasien.

Andererseits achteten die Beatles sehr genau auf ihre

---

[62] Mit britischer Ironie veröffentlichte McCartney 2003 dann ein Live-Album mit dem Titel „Paul is live" und einer Rekonstruktion des Titelbildes von Abbey-Road.

Zielgruppe. Tod spielt bei pubertären Jugendlichen eine große Rolle. Das war schon vor den Grufties so.

13 Fremdes und Vertrautes

Im Kontrast zu den fast heimeligen, mitunter banalen Beschreibungen des (jugendlichen) Alltags steht allein schon die Musik, mit der die Rückseite der LP begann.

„Within you, without you" vermittelt im Kontrast zur Hitparadenwelt mit „Er liebt mich, sie liebt mich nicht"-Pop eine wohltuende Abwechslung.

Bei der Veröffentlichung sprengte der Song alle Erwartungen an ein Album mit Unterhaltungsmusik. Indische Klänge – und jeder konnte sich denken, dass die Instrumente in aller Regel nicht von den Pilzköpfen gespielt wurden, sondern von leibhaftigen Indern. Die anderen Beatles waren musikalisch nicht beteiligt.

Indische Klänge mussten einen Londoner nicht so fremdartig anmuten wie die Hörer in Hamburg, Hannover oder Heidelberg: Als die Beatles geboren wurden, gehörte Indien noch zu Großbritannien.

Unabhängig wurde Indien erst am 15.8. 1947. Zur Zwanzig-Jahr-Feier erschien passgenau Sgt. Pepper und die Beatles begaben sich auf ihren Indientrip, die sie zunächst im Inland (Bangor) mit dem fünfzigjährigen Maharishi per Eisenbahn und Lehrerseminar und im nächsten Jahr tatsächlich Richtung Ganges, nach Rishikesh unternahmen.

Seit zwanzig Jahren war die ehemalige Kronkolonie unabhängig, doch für die Beatles schien es ein politisches Problem zu werden, Mahatma Ghandi auf ihrem Cover zu haben. Auf ursprünglichen Aufnahmen ist er noch rechts außen zu sehen, während Adolf Hitler platt an der Wand lehnt und nicht positioniert wurde. EMI drängte auf die Entfernung von Ghandi. Einige Gurus hingegen durften bleiben, etwa Sri Lahiri Mahasaya sowie Sri Mahavatara Babaji und Sri Paramahansa Yoganada. Albert Einstein ist zwar anwesend, wird aber durch Johns Kordel verdeckt. So ist alles relativ...

Indisch gehört zur City of London, aber weniger zum ganzen Land. Natürlich befremdete dieser Song in den anderen Gegenden. Zugleich präsentierte er den philosophischsten Touch; George sinnierte darüber, wo und wie Liebe und Leben sind oder fehlen und dass dies in dir und außerhalb von dir fließt...

Doch was nach tiefen Wahrheiten klingt, schwimmt an der Oberfläche und enthüllt die Fragilität eines Unternehmens, bei dem ein Musiker versucht, zu Philosoph zu werden. Das ging auch hier ziemlich daneben; der blumige Text erreichte die Tiefsinnigkeiten der esoterischen Bewegung und scheint mit seinem banal fernöstlichen Klang auch nach Jahrzehnten noch aktualistisch. Georges Stimme wurde zunehmend weinerlich. Was immer ihm die Zuwendung zum Hinduismus brachte, stimmlich trug sie nichts aus.

Die Vorgeschichte zu diesem Song ist jedoch ein mitternächtliches Gespräch mit seinem Freund Klaus Voormann[63], wo es um den Sinn des Lebens ging. Eigentlich hatte George das Lied „Only a Northern Song" einbringen wollen, in dem er die Nichtigkeit der gegenwärtigen musikalischen Produktionen karikierte, aber den anderen gefiel das gar nicht.[64] Immerhin erschien es später auf „Yellow Submarin" und ist textlich lediglich ein Zeitdokument für den Zustand der Beatles.

Der Sound ist berückend. Die Rhythmusinstrumente vermitteln indisches Flair, während die Melodie europäischen Vorbildern folgt. Martin setzte natürlich versierte indische Musiker ein, griff aber auch auf klassische Streicher zurück. Viele davon hatten einen jüdischen Hintergrund. Das konnte sehr hilfreich sein, falls sie Erfahrungen mit Klezmermusik hatten, denn diese lebt ja von dem, was man heute Crossover nennt. Sie bauen Impulse diverser musikalischer Tradition einen und verschmelzen sie zu etwas eigenem.

---

[63] Sie kannten sich aus der Hamburger Zeit. Klaus hatte das Cover für Revolver gestaltet und spielte später mit John Lennon in der Plastik-Ono-Band. Als Bassist war er angeblich als Nachfolger von Paul bei den Beatles im Gespräch, aber das klang mehr nach journalistischen Phantastereien, um Zeilen zu füllen und Überschriften zu kreieren.
[64] Einzelheiten bei Martin S.164f.

Ein spannender Mix und absolut nichts für Puristen – insofern passend in eine Zeit, wo der als Folkmusiker verehrte Robert Zimmermann, a.k.a. Bob Dylan, in die Rockszene einstieg und dafür von seinen Hardcore-Fans aus der Folkscene gegeißelt wurde.

Dass der Song mit „Laughter, Applause" schließt, ist kaum zu hören, prägt sich aber ein Stück weit mit der Musik ein, wenn man die Platte lang genug hört. Es nimmt dem Song etwas von seiner Schwermütigkeit und gibt ihn der Platte als Teil einer Show.

14 When I'm sixty four...

Auf Auf within you, without folgt der wohl krasseste Kontrast: Ein Song vom 6.12.66, also ein Nikolauslied und musikalisch ein echter Oldie. Von allen Sgt. Pepper-Liedern wurde dieses als erstes aufgenommen und Paul konzipierte es schon vor der Beatleszeit. Er kommentierte später, er hätte das Lied für Frank Sinatra geschrieben, also davon geträumt, Sinatra würde es interpretieren. Das Lied könnte dem Cover am meisten entsprechen, da es in eine dem Rock 'n Roll fremde Welt führt.

Pauls Vater Jim spielte in seiner musikalisch aktiven Zeit in einer Jazzband und Paul widmete ihm ist dieses Lied. Das ist die Generation davor. Idyllisch und nur mit liebevoller Ironie versehen, könnte man meinen, sowohl Paul wie auch John würden sich nach einer solchen heimeligen Seniorenzeit sehnen. Die beiden mutterlosen Jungs taten dies vermutlich in einer Herzensfalte auch.

Beatleshistorisch gesehen begleitete der Song die frühen Beatles, weil sie ihn hilfsweise nahmen, wenn die Elektrizität beispielsweise im Cavern Club Probleme bereitete. Sie konnten dann auf das Piano zurückgreifen und hielten die Stimmung.

Lennon hat die 64 nicht erlebt, er zog sich in den Siebzigern in eine Vatersituation zurück, die schon gelegentlich an die Abgeschlossenheit eines Seniorenheims erinnerte. Als er wieder ins Freie wollte, wurde er erschossen.

Paul glückte es, seine Familienidylle mit Linda umzusetzen. Doch das Großelternideal seines Liedes wurde radikal durchkreuzt durch den Tod. Linda starb an Krebs, wie schon seine Mutter... Seine nächste Ehe wurde geschieden.

George starb ebenfalls, vermutlich im Bewusstsein, dass eine neue Aufgabe auf ihn wartete. Er war bis zu seinem Tod Mitglied einer hinduistischen Gemeinde.

Ringo lässt zwar seinen Sohn Zak[65] bei seinen Konzerten mitspielen, aber den Jet-Set scheint er einer ländlichen Idylle vorzuziehen.

Auch dieses Lied ist weniger eine kollektive Produktion. Paul benötigte vor allem Ringo und für den Gruppengesang seine anderen beiden Kollegen. Ansonsten arbeitete er mit George Martin zusammen, der auf klassische Musiker zurückgriff, die den Jazz beherrschten. Er versuchte dabei, so wenige Leute wie möglich einzusetzen. Das geschah nicht nur (wenngleich auch!) aus Sparsamkeitsgründen, sondern weil er die Einstellung hatte, das sich mit Zurückhaltung der erwünschte Eindruck am deutlichsten produzieren ließ.

---

[65] Zak Starkey wurde zwischen „Help" und „Rubber Soul" geboren. Dieser Tage erlebte ich ihn als Drummer von „The Who", als Nachfolger von Keith Moon, der ihm seinerzeit das erste Schlagzeug schenkte... Handwerklich braucht er sich hinter seinem Vater nicht zu verstecken, er spielt erstklassig.

In "When I'm 64" kommt ein Traum von einem Lebensentwurf zum Ausdruck, der zu keiner der vier Biographien passt. Wie gesagt, ein Nikolauslied.

15 Lovely Rita...

Schön, dass nach dem „seen beyond yourself" eine knallharte Alltagssituation ironisiert wird. Lovely Rita ist kein Straßenmädchen, sondern eine Politesse; sie gehört in diese Jahre wie der von Loriot als Fallstrick imaginierte Sicherheitsgurt im Auto.

Damals hatte der PKW-Individualverkehr schlagartig zugenommen. Da galt es ordnungspolitisch zu reagieren, z.B. gegen Parksünder und es tauchten die ersten Politessen auf den Straßen auf. Den Nachgeborenen ist oft nicht klar, dass es hier um Tagesaktualität geht.

Ein unverschämt männliches Lied! Eine uniformierte Frau taucht auf und wird in der Fantasie sofort vernascht... Ganz spielerisch haben die Beatles hier ein Grundproblem der weiblichen Emanzipation im Alltag „auf der Straße" in eine Geschichte gebannt.

Welche Frau würde es schon interessieren, dass der Parkplatzwächter ein Mann ist? Doch Paul machte sofort eine Beziehungsgeschichte daraus. Ist das nun ein politisches Lied?

Um Ritas Tätigkeit "Filling in a ticket in her little white book, In a cap she looked much older..." entspannt sich eine Liebesgeschichte. Hier dichtete ein Dichter ganz klassisch. So werden Geschichten zu einem Gedicht komprimiert. Die Vertonung führt dazu, dass die Geschichte noch zeitgemäßer wurde als der Inhalt ohnedies zeigte. Zugleich erzählte der Texter eine typisch britisch gefärbte Story.[66] Das Tee-Trinken fügt sich in eine erotische Szenerie unauffällig ein.

---

[66] Freilich behauptete Paul später, sie wären von US-Politessen animiert worden und diese hätten überhaupt nichts Erotisches an sich gehabt. (RS 2014 S.94)

Das Lied schrieb Paul zwar in Liverpool, aber er reagierte auf Geschichten aus den USA, in denen die Politessen „Meter Maids" genannt würden. Natürlich fielen ihm sofort ein paar aggressive Zeilen ein, aber letztlich faszinierte ihn eine hübsche Geschichte doch mehr. Der Ärger darüber, dass ein Auto abgeschleppt wird, würde heutzutage vermutlich zu einem Shit-Storm führen. Er skizzierte dann eine „zackige Type, aber eine nette"[67]. Meine erste Lesart war, dass es um eine zickige Type ging – und das konnte ich mir wiederum bei einer Politesse sehr gut vorstellen.

16 Abschied von der Nachkriegszeit

Der Song „Good Morning" beginnt mit dem programmatischen Wort „Nothing"; er führt nach den skizzenartigen Formulierungen von „Lovely Rita" durch einen britischen Alltag der sechziger Jahre, geprägt von Erwartungen und materiellen Erfüllungen der Fünfziger und aus Beatles-Sicht im „Nothing" endend. Die Idylle von „When I'm 64" wird konterkariert durch die Sinnlosigkeit in der wohlstrukturierten Welt des Kleinbürgertums.

Das deckte sich durchaus mit biographischen Anklängen. Während der im Grunde seines Herzens bis heute recht konventionelle Paul seine avantgardistischen Attitüden im Swinging London ausleben konnte, saß der „stets verneinende"[68]

---

[67] Paul auf der South Bank Show, G.Martin S.132.
[68] In Fausts Studierzimmer erklärt Mephistopheles: Ich bin ein Teil

und mit Konventionen brechende John im vornehmen Vorort Weybridge als Pantoffelheld mit seiner Cyn und Julian fest.[69] Wurde er auf diesem Weg etwa zur nicht realisierten Leitfigur einer Generation, deren äußere Existenz der inneren Befindlichkeit nicht entsprach und die dies nicht in Liedern ausdrücken konnte, aber sich verstanden fühlte?

Wo ist der passende Ort für Seele des Alt-68er? Soll er sich „Meet the wife" reinziehen oder die Kelloggs-Werbung[70]. Für John spielte der Fernseher eine große Rolle. Er war wie der Außenkontakt in seinem Tudor-Haus in Weybridge, in dem er sich fremd fühlte (wie an einer Bushaltestelle, wo man ja auch nicht bleibt) und wie in einem Kloster in der Einsamkeit, 25 Meilen oder einen Ozean vom Puls des Lebens in Swinging London entfernt. Für einen jungen Mann, der die Nacht zum Tag machte und der um den ganzen Globus gejettet ist, konnte sich das Leben in diesem Kontext nicht erfüllen.

Eigentlich könnte mit diesem Song das Album zu Ende sein. Paul, George und John haben ihr „Unbehagen an der Kultur" zum

---

von jener Kraft, die stets das Böse will und stets das Gute schafft. ... Ich bin der Geist, der stets verneint! Und das mit Recht; denn alles, was entsteht, Ist wert, daß es zugrunde geht. (Goethe, Faust)

[69] Ringo brachte dies bei der South-Bank-Show auf den Punkt und G. Martin beschreibt es mitfühlend. Martin S.101f.

[70] Ich kann das zeitgenössisch gar nicht ausdrücken, da ich mir weder Soap-Opern noch Werbung zu Gemüte führe und auch die Recherchen für Sgt. Pepper ließen mir diesen Aufwand unangemessen erscheinen.

Ausdruck gebracht. Sie sind in die Niederungen des bürgerlichen Alltags der 60er Jahre hinabgestiegen. Statt Christi Höllenfahrt die Nirvana-Fahrt der Beatles... Zwanzig Jahre nach dem Zweiten Weltkrieg und der V2 ist die mitteleuropäische Welt wieder „aus den Ruinen auferstanden".[71] Und Britain rules the world by the Beatles...

Als die Beatles zum ersten Mal nach Hamburg kamen, um dort ein Engagement in einem Club anzunehmen, konnten sie ihren Augen nicht trauen: Hamburg sah blühend aus, im Vergleich mit Liverpool zumindest. John Lennon erinnerte sich später, gesagt zu haben: „Und ich dachte, die hätten den Krieg verloren!" Auferstanden aus Ruinen, aber in welchen Lebenssinn hinein? „Wasn't this the land, that had *lost* the war?"[72]

Aber in dieser blühenden, pulsierenden Wirtschaftswunderwelt verbirgt sich ganz geschickt die innere Leere. Die Beatles brauchten inzwischen jedoch nichts zu erfinden, um es zu zeigen: Es gibt ein Leben trotz des "Nothing":

„Die Beatles sind bekannter als Jesus Christus", meinte John Lennon und musste sich ducken, weil die christlichen Fundamentalisten voller Nächstenliebe gegen ihn feuerten und mit öffentlichen Plattenverbrennungen reagierten. Wenn man sich über einen Satz derart ereifert, muss er etwas Wahres enthalten.

---

[71] Good morning: „Everything is closed it's like a ruin"
[72] Norman, Shout,1982 S.62)

John Lennon meinte es zwar provokativ, aber vermutlich damals noch nicht blasphemisch, sondern beschreibend.[73] Wer Ohren hatte, zu hören, hätte die Ohren sehr spitzen müssen, denn die Warnung, die die Christen dieser lapidaren Selbsteinschätzung entnehmen konnten, war massiv und aus heutiger Sicht mehr als berechtigt.

Das gilt gerade für die Vereinigten Staaten von Nordamerika. Der Vietnamkrieg war Thema der Jugend. Billy Graham segnete die Raketen für den Krieg, während Bill Graham Konzerte für Love and Peace organisierte.

Die Christen hatten schon deshalb verloren, weil Pseudochristen ihnen Jesus gestohlen hatten und politisch funktionalisierten. Das Wort „Evangelikal" enthielt nichts mehr von seinem Inhalt, der aus dem Griechisch mit „wohltuende Neuigkeit" übersetzt werden konnte oder in Spirituals als „Good News". In Trumps neuem America ist ja der Ku-Klux-Klan wieder hoffähig geworden mit seinen Kreuzen. Aber wir wissen: die vermummten Amis mit ihren brennenden Kreuzen würden

---

[73] Fundamentalkritisch ist hingegen drei Jahre später sein „God" auf „The Plastic Ono Band". Aufzählend behauptet er, an nichts und niemand zu glauben und ist sich nicht zu schade, Zimmermann (Bob Dylan) und Hitler im gleichen Lied zu parallelisieren. Hitler scheint ihn dämonisch fasziniert zu haben. Er wollte ihn auch auf dem Sgt. Pepper Cover, was in einigen Aufnahmen noch zu sehen ist... Bei „God" bleibt als Objekt, an das geglaubt wird, Yoko und er selbst...

Jesus zwar nicht kreuzigen[74], aber lynchen.

Heute lösten die Beatles aufgrund ihrer eigenen Wirkungsgeschichte keine Protestaktionen mehr aus. Aber sie sind de facto ohnedies getrennt in eine irdische und eine jenseitige Hälfte. Vielleicht gibt der unheilige Johannes aus Liverpool dem kontaktfreudigen Jeshua aus Nazareth ab und zu ein Privatkonzert in heiligen Hallen, unterstützt von George, Jimi Hendrix und John S. Bach – vermutlich auch Georg Friedrich Händel, der mit Hendrix in einer Wolken-WG lebt, nachdem dieser in London im Händelschen Haus, Brook Street 25 in London gewohnt hatte, leider zeitverzögert.

Apropos Hendrix: Als Hendrix kurz nach der Veröffentlichung des Albums Sgt. Pepper's Lonely Hearts Club Band in sein Programm aufnahm, war McCartney im Publikum und meinte fassungslos: „So, wie Jimi das spielt, wollte ich es eigentlich haben." Götter unter sich...[75] Als ich McCartney ein viertel Jahrhundert später live hörte, präsentierte er dank hervorragender Begleitmusiker den Gitarrenpart von Sgt. Pepper a la Hendrix.

---

[74] Lennon: "They're gonna crucify me" (Ballad of John and Yoko)
[75] George Harrison war klüger und holte für seinen Supersong „While my guitar gently weeps" (White Album) den Gitarrengott Eric Clapton für das Solo in den Beatleshimmel. Paul McCartney aber kann es sich als alter Mann inzwischen leisten, junge fingerfertige Gitarristen in seine Band zu holen, die den Hendrix-Sound kopieren können. Freilich hat das mit dem kreativ-chaotischen Charisma jener Jahre nichts mehr zu tun.

Ich merkte mir allerdings auch eine Bemerkung von Tony Sheridan während eines Konzertes in Nürnberg, wo er über McCartney sagte, dass dieser sich immer mit Musikern umgeben würde, die schlechter wären als er selbst, damit er besonders gut dastehe. Ich kann das natürlich nicht beurteilen, aber zumindest hat er mich noch nicht in seine Band geholt. Diese Voraussetzung würde ich hervorragend erfüllen.

Von John Mayall hörte man allerdings ebenfalls, dass er Gitarristen bei seinen Bluesbreakers weiterschickte, wenn sie an ihn herankamen. Das muss jetzt nichts schlechtes sein, denn früher hielten es die Handwerksmeister auch so, dass sie Gesellen, die auf der Walz waren, weiterziehen ließen, wenn sie alles von ihnen gelernt hatten und ihren Horizont erweitern wollten.[76]

Zum Zeitkolorit möge noch eine Geschichte beitragen, die mir der Sohn eines Kellners im Nürnberger Grandhotel erzählte. Eines Abends kam der Vater von der Arbeit nach Hause und erzählte fast empört, dass heute ein Gast in die Bar gekommen sei, der keine Krawatte getragen habe. Im Grand-Hotel!!! Der Gast hätte sowieso seltsam ausgesehen, mit einem bunten Tuch ums Bein gebunden. Der Sohn und ich waren uns einig: Das war die

---

[76] Wer diese Welt ein bisschen kennenlernen möchte, greife zu Rekrut am Rande eines Völkermords", wo in der ausführlichen Vorgeschichte jenes Rekruten auch die Zeiten der Walz seines Vaters beschrieben werden.

Erstbegegnung mit Jimi Hendrix.[77] Das Szenenoutfit der späten 60er und frühen 70er zog in manche Etablissements und ins Establishment erst zeitverzögert ein.

Wie auch immer: Von den Beatles, die auch in jenem Grand-Hotel nächtigten, blieb etwas Mystisches und eine Menge von sich vervielfältigenden Mythen. Das hängt weniger an der Beatle-Mania, der Lennon mit seinem Christus-Bezug damals den Abschied gab, sondern als an dem legendären Sgt. Pepper Album.

17 Reprise: Rock ist doch alles

Dass es in all dieser Sinnlosigkeit doch noch einen Sinn gibt, demonstrieren die, die für manche eben doch bedeutsamer waren als Jesus: Nicht das Sinnbild für den wankelmütigen Petrus, sondern der Kelloggs-Hahn am Ende von „Good morning" mutierte (George Martin sei Dank) zu einer E-Gitarre. Diese Art von E-Musik bringt den Puls des Lebens in seine Bahnen. Im Vier-Viertel-Takt, mit einem Off-beat... Es ist die pure Lebenslust, die aus diesem gar nicht so simpel nachzuspielenden Rock sprüht. Rock my Soul!

Hier bringen die Beatles, was sie bringen wollen, nämlich Rock 'n Roll. Aber sie bringen ihn in einem Kontext, der zu Liverpool passt, zu einer Stadt, die am Meer liegt, wo die Seeleute

---

[77] Einige Jahre früher nächtigten die Beatles im selben Hotel, fielen aber nicht so aus dem Rahmen...

aus aller Herren Länder kommen[78] und nicht nur die Kneipen bevölkern, sondern beispielsweise auch Musik mitbringen. In der Jugendzeit der Fab Four waren dies vor allem die Bluesplatten und schwarze Scheiben des neuen Rock 'n Roll, die in England normalerweise nicht zu erhalten waren.

Noch einmal artikulieren sie ihre neue Identität als Band. Freilich, wer die Musik des Albums mit der Sgt. Pepper-Band aus dem Film „Yellow Submarine" vergleicht, findet keinen Vergleichspunkt. Die Yellow-Submarine-Band bringt Brass-Jazz, die Beatles aber geben noch einmal alles in gradlinigem Rock.[79] Es ist sicherlich eines ihrer besten Rockstücke – und so verwundert es wenig, wenn es in der BR-Sendung Club16 am Freitag in den 70er Jahren als Schlusslied vom DJ Ulrich Paasche auserkoren wurde. Dass ausgerechnet der sich gerne im Hintergrund haltende Ringo das Intro übernimmt, gibt dieser Identität einen unvergleichlichen Drive.

Das Album endet der Story entsprechend wie es beginnt: mit dem Publikum. Es endet mit Applaus…

Und es endet, wie es enden sollte: mit Rock 'Roll.

---

[78] Dazu empfehle ich das Büchlein „Käpt'n Windpocke".

[79] Angeblich kam die Idee, dieses Stück hier zu positionieren von Neil Aspinall, ihrem vertrauten Road-Manager, der daran erinnerte, dass Paul die Beatles-Shows mit dem Hinweis beendete: „It's time to go. We're going to bed and this is our last number." Neils Vorschlag wurde verworfen, aber wenig später sagte ihm John: "Nobody likes a smart-arse, Neil." Also wurde es umgesetzt. (Anniversary S.77)

1967 war Chuck Berry mit 40 Jahren deutlich jenseits der 30, vor denen anständige Revoluzzer sterben sollten. Er lebte dann noch mal lockere 50 Jahre[80] und überlebte seinen erklärten Fan John Lennon, der es sich Anfang der 70er Jahre leisten konnte, mit seinem Idol zusammen aufzutreten. John zeigte ihn stolz seiner Yoko, deren Fehler war, sich in die Musik einzumischen, von der sie einfach zu wenig verstand. Das gilt bereits für den Pepper-Nachfolger „The Beatles".

Das Ende von Sgt. Pepper mit der Reprise ist ein Vorgeschmack darauf, dass die Beatles irgendwann zu ihren roots zurückkehren

---

[80] Er verstarb am 18.3.2017, gut ein Jahr nach George Martin (+8.3.2016), der ebenfalls 90 Jahre alt wurde. Was lernen wir daraus? Das große Idol der Beatles und der große Musiker und Produzent im Hintergrund waren dieselbe Generation.

würden. John Lennon bracht später sein eigenwilliges Album „Rock ′n Roll" heraus und die nicht offiziell veröffentlichten Bänder der Get-Back-Sessions 1969 zeigen die Beatles immer wieder bei ihren Klassikern. 1967 war Berry's „Rock ′n Roll-Music" bereits zehn Jahre alt.

Aber gerade an Chuck Berry wird deutlich, wo der Kontrast zu vielen ganz großen Musikern liegt: Sie machten sich auf einen ganz neuen Weg, während Berry auch in seinem beeindruckenden Alterswerk „CHUCK" laufend sich selbst zitiert, bis hin zu Lady B. Goode...[81] - übrigens exakt 50 Jahre nach dem Erscheinen von Sgt. Pepper.

18 Sinn des Lebens – Klang des Raumes

Applaus zum Schluss. So gehört es sich. Aber was wäre ein Konzert ohne Zugabe?

Die „Zugabe" fasst das Album in einer besonderen Weise

---

[81] Das schmälert keineswegs seinen Verdienst, die Rockmusik lebhaft zu machen und mit literarischen Komponenten zu bereichern. Er selbst schätzte sich als Poet höher ein denn als Musiker. Das begann bereits damit, dass er ursprünglich einfach neue Verse zu alten Lieder schrieb, setzte sich dann aber darin fort, dass er sich musikalisch oft genug wiederholte, während er textlich weitererzählte. Das machte es für Fans, die nicht dem englischsprachigen Raum entstammten, etwas schwieriger. Ich erinnere mich, dass wir ihn mit 80 Jahren im Löwensaal von Nürnberg hörten und er nach etwa einer Stunde sang (!): „Soll ich jetzt aufhören?" (genauer: „Shall I stop!") und das Publikum johlte: „Yeah!". Dann stolzierte er gitarrespielend von der Bühne und die Fans klatschen für ein „Encore". Aber er kam nicht wieder...

zusammen: Eine Komposition, die mit starken individuellen Schwerpunkten ein Gemeinschaftswerk von John und Paul ist. Ihre Beiträge lassen sich sogar analysieren[82].

Die beiden Frontmänner bringen in gewisser Weise noch einmal alles ein, was vorher auf verschiedene Stücke verteilt wurde – abgesehen von Georges Beitrag. Zeitungszitate, Collagen, Idyllische Fragmente, Zerbrechen der Idylle, Assoziationen an Rauschgift und die Herausforderung an George Martin, gigantische musikalische Vorstellungen zu realisieren, mit einem Orchester, das gegen seine Gewohnheit nur Töne und keine Melodie spielt.

Manche Zeilen führten zu waghalsigen Deutungen. „He blew his mind out in a car" hieß nicht, wie wir schon sahen, dass Paul McCartney tödlich verunglückt war. Ein in der Öffentlichkeit präsenter Freund der Beatles, Tara Browne aus der Guinessfamilie war tatsächlich bei einem Verkehrsunfall am 18. 12. 1966 ums Leben gekommen. Dazu könnte die Formulierung passen. Aber John erklärte später, dass es zum Genuss eines Joints in einem Auto gehörte (s.u.) – passend zu „I'd love to turn you on…"

Dieses „Turn you on" provozierte, dass Sir. Joseph Lockwood

---

[82] Für Schriftenforscher muss dies ein wahres Vergnügen sein. Quellenkritik bei den Beatles. Doch da die beiden an diesem Stück auch räumlich miteinander arbeiteten, wird dem erprobten Exegeten vor Augen geführt: Manches lässt sich nicht trennen, weil es wirklich zusammen gehört. Das würde nicht einmal Sigmund Freud schaffen…

von der EMI einen Brief von Frank Gillard von der BBC erhielt mit dem Hinweis: "We cannot avoid coming to the conclusion, that the words 'I'd love to turn you on' followed by the mounting montage of sound, could have a rather sinister meaning. 'Turned on' is a phrase which can be used in many different circumstances, but it is currently much in vogue in the jargon of the drug addicts. We do not feel that we can take the responsibility of appearing to favour or encourage those unfortunate habits."[83] Wären die Herren doch auch so verantwortungsvoll gewesen, wenn es um politische Gewalt wie etwa Kriege ging.

Der optisch aufregende Filmclip zu „A Day in the Life" hat schon mal als kleinen Reiz, dass zunächst das klassische Orchester gefilmt wurde. Dann taucht als erster Rockmusiker Mick Jagger auf. Das war noch zu Zeiten, als die Beatles und Stones – „Fans" zwei Lager bildeten. In ihrem Konkurrenzalbum „Their Satanic Majesties Request" präsentierten die Stones den Song „Sing This All Together (See What Happens)". Jagger, Jones und Richard mögen an ihre Präsenz bei der Aufnahme von „A Day In The Life" gedacht haben, von der Paul erzählte „we hat a lot of people there. It was a big session and we wanted to make a ,Happening' happen... and it happened!"[84]

Beim Wecker wackelt im Film Big Ben. Optisch wie akustisch

---

[83] Anniversary S.79
[84] Anniversary S.81

wird deutlich, dass etwas Neues eindringt, in diesem Fall in den Lennonsong ein McCartneyteil. „Woke up, fell out of bed..."

Ist das Lied überhaupt ernst zu nehmen? George Martin hält es für das beste Beatleslied, wenngleich er manchmal zu Strawberry Fields schwankt. Beim Filmclip „A Day in the Life" erscheinen Orchestermusiker mit langen Faschingsnasen oder der Leiter der Streicher, Erich Grünberg mit einer Gorillatatze auf der Streichhand. Wie verstörend... Während andererseits John einfach mal eine Cup of Tea trinkt...

Selbst der Schluss ist genial: Das Stück endet weder mit einem einfachen Akkord noch wird es ausblendet. Andere Mittel gibt es praktisch nicht[85]. Doch: Die Beatles schaffen einfach einen ganz lauten Klang und lassen ihn eine Minute lang nur verhallen. Wow![86] Eine Antithese zum Urknall?

Wir gehen diesen Tag im Leben einmal ganz durch, erinnern uns daran, dass John Surrealismus liebte. Ihm wurde klar, dass er doch nicht verrückt war und für ihn bedeutete Surrealismus Wirklichkeit und vielleicht war dies reziprok.

John erzählt, wie er Zeitung las von einem Mann, der es

---

[85] Bei Abbey-Road können wir noch eine Variante finden: Bei „I want you" wird das Band einfach durchgeschnitten und das Lied hört abrupt auf. Später finden wir dasselbe Phänomen bei dem zeitverzögerten Anhängsel „Her Majesty", wo der letzte Akkord fehlt.

[86] Freilich klingt das auf meiner CD anders als auf meiner originalen LP: Dort beginnt es auch noch zu rauschen und zu kratzen...

geschafft hatte, eigentlich sogar eine „Graduierung". Aber die Nachricht war doch traurig, denn vielleicht hatte er etwas ganz anderes geschafft, etwa, dass er sich das Hirn aus dem Schädel blies. John meinte, er musste lachen, als er das Foto sah: „He blew his mind out in a car..." Glauben wir der späteren Interpretation, dann geschah dies durch einen Joint, jemand dachte sogar, es sei ein Polizist gewesen, der dann drei rote Ampeln übersah.

Aber die Gaffer, die herumstehen, erinnern dann doch an einen Verkehrsunfall und die hatten auch sein Gesicht gesehen. Hatten sie ihn erkannt? Er schien eine VIP zu sein, vielleicht sogar ein Mitglied des englischen Parlaments, des Oberhauses.

Dann schaute er sich einen Film an, im Kino, als die Briten einen Krieg gewonnen hatten. „The war" wäre dann der zweite Weltkrieg. Diesmal, wo man gaffen darf, verlassen Leute das Kino, aber John muss den Film anschauen, denn er hatte das Buch gelesen. Wenn das mit dem Film stimmte, konnte man fragen: Lag es daran, dass er den Krieg miterlebt hatte und sich fragen konnte: Haben wir den Krieg gewonnen? Oder nur die Armee? Später spielte er ja in dem Antikriegsfilm von Richard Lester[87] mit „How I won the war...", in dem er allerdings einen gefallenen Soldaten mimt, der mit den Lebenden mitzieht.

Jetzt kommt Pauls Zwischenteil: Woke up, fell out of bed... Es

---

[87] „Help" „A Hard Day's Night"

erklingt ein Wecker. Das Klingeln ist jedoch nicht Erfindung des Songwriters, sondern war bereits im bisher aufgenommenen Song enthalten, da man die Länge des Zwischenteils abstoppte, der als solcher noch nicht kreiert war...

Hier sind wir in einem normalen Start in den Tag und Paul erweist sich wieder einmal wie in Penny Lane als ein hervorragender Songschreiber, der Geschichten auf ein Minimum reduzieren kann und dabei doch noch erzählt. Dass er sich kämmt, wird anschaulich und vielleicht sogar die Eile, in der er es tut. Er findet seinen Weg hinunter – oh, so ganz wach scheint er noch nicht zu sein. Hat das was mit „turned on" zu tun?

Er trinkt eine Tasse Tee und merkt an der Uhr, dass er ziemlich spät dran ist. Das können wir uns bei einem Nachtarbeiter wie Paul vorstellen, wenngleich er mitunter für die Entstehung von Sgt. Pepper ganz frühe Tageszeiten beanspruchte – zum Leidwesen der Mitarbeiter wie z.B. George Martin. Seine Freunde blieben davon verschont.

Die Hetze geht weiter. Typisch englisch greift er zum Mantel und zum Hut. Können wir uns da einen klassischen Bowler-Hat vorstellen, wie im Geschäftsviertel von London? Er schafft es zum Bus in geflogenen Sekunden... Dort geht's aufs obere Deck und er kann eine rauchen. Das klingt bereits nach einem Joint. Er merkt es, als er jemand spricht, da scheint es für ihn in einen

Traum überzugehen.

So ist das manchmal, wenn man stoned ist: Das Leben wird real wahrgenommen, aber emotional anders abgespeichert... Vielleicht saß er ja kichernd auf dem roten Doppeldecker[88].

Wieder ist John dran. Er liest erneut in der Zeitung und findet eine seltsame Meldung: 4000 Löcher in Blackburns Straßen. Da fragt man sich, wenn man nicht bekifft ist: wer verlangt, dass das gezählt wird? Ist die Verwaltung bekifft? Wenn wir uns anschauen, was bei uns im Straßenverkehr von der Verwaltung geliefert wird (Umleitungen, Markierungen, Ampelschaltungen, Einbahnstraßenregelungen, Radwege), dann hat man auch oft den Eindruck: Ohne Dope schafft man gar nicht soviel schräges Zeug.

Jetzt kommt natürlich der surrealistische Kick, dies mit etwas ganz anderem zu verbinden: Er nimmt die Albert-Hall als Gebäude, das nun mit Löchern zu füllen sei... Das legt sich für ihn als Künstler vielleicht nahe. Ich beispielsweise, wenn ich diesen Gag mache, wähle in der Regel ein parlamentarisches Gebäude. Das hat eine fulminante Assoziationskraft. die Albert-Hall erinnert an Prinz Albert von Sachsen-Coburg und Gotha, den Gatten von Queen Victoria. wie schön, dass jetzt auch noch ein Deutscher auf Sgt. Pepper vertreten ist...

---

[88] Das blödsinnige Kichern meiner Mitkiffer brachte mich dazu, damit wieder aufzuhören. Ich wollte zwar ein paar gute Erfahrungen machen, aber nicht gerade verblöden...

19 ...und ein Schnipsel am Schluss

Zum dritten Mal ist der geneigte Hörer versucht zu sagen: Nun ist Schluss. Aber bei Sgt Pepper ist nie Schluss: Die jetzige Generation erlebt so etwas nicht mehr, aber wir Zeitzeugen der analogen Ära wissen: Wenn sich der Tonarm unseres Plattenspielers nicht von selbst erhob, dann erklangen die Beatles noch einmal an Ende der Rille und hören nicht auf, bis... ...ich den Arm dann doch noch hochhob.

Witzig und sinnlos zugleich ist dieses endlose Ende – auch nicht schlecht für eine Platte mit diesem Spektrum.[89]

Wer war Sgt Pepper nun wirklich?

---

[89] Wir können noch mal an Abbey Road und „Her majesty" denken: Dieser Schluss entstand vermutlich eher zufällig, weil ein Tontechniker den Song aus dem B-Seiten-Medley herausschneiden sollte, dies auch tat, aber sicherheitshalber hinten ans Band anklebte – eine Methode, die ich bis heute bei meinem Word-Dokumenten praktiziere, um notfalls auf frühere Sachen zurückgreifen zu können. McCartney fand letztlich Gefallen an diesem Zufall und so erhielt „Her Majesty" seine ungewöhnliche Position.
Hierzu eine biographische Geschichte: Als mein Freund Günther mit dieser LP triumphierend bei mir auftauchte und sie mir vorspielte, nahm ich sie natürlich sofort auf mein Tonbandgerät auf (über Mikrophon!). Ich wollte nach „The End" schon abschalten, als er den Zeigefinger über die Lippen hielt und mit der anderen Hand „Nein!" signalisierte. Ich war irritiert, wartete aber... und dann hörte ich „Her Majesty". Das Schweigen der beiden pubertierenden Jungen ist heute noch auf dem analogen Tonband zu hören...

Paul McCartney trägt den Schlüssel dazu an seiner Uniform auf dem Cover: O.P.P. steht auf einem Abzeichen der „Ontario Police Precinct", das er bekam, als die Beatles am 17.8.65 in Toronto auftraten. Wer sorgte damals für die Sicherheit der Beatles? Sergeant Pepper.[90] Den Mann entdeckte ich schließlich hinter Paul, als dieser Polizisten in Toronto photographierte, zu sehen im Rolling Stone „Paul McCartney" März 2014 S. 20f.)

Uniformen, die gar nicht uniform sind…

20 Interlude: Kommentar eines heute 19-Jährigen

7.7.17

---

[90] G.Martin S.217

Um das Bild zu erweitern, bat ich einen Jugendlichen, der zugleich Beatles-Fan ist und sie seit seiner Jugend liebt, um einen spontanen Kommentar zu Sgt. Pepper, den ich auch digital abspeicherte. Hier ist die Nachschrift:

Hier ein Kommentar zum Album von einem neunzehnjährigen Musiker, Martin, Gitarrist bei sienr eigenen Band „Shadows oft he summer" und dazu bei „Ruvy Red": „Boa, was für'n Start, dieses Publikum... und dann geht's los: „It was twenty years ago today" bzw seventy... Dieser rockige Sound!...

... und dann geht's über in dieses „Billy Shears", dieses „With a little help from my friends..."... das ist etwas, was ich sowieso liebe, Alben, wo die Lieder ineinander überlaufen. ... und dann, Ringo, mein Lieblingsbeatle, singt da. Ich hab mir früher wirklich immer vorgestellt, er sitzt am Schlagzeug ... „What would you do, if I sang out of tune..." das hab ich mir wirklich vorgestellt. Ein starkes Lied. Wirklich, einige Zeit habe ich gedacht, hmm... nicht so ganz meins, weil ich die Joe-Cocker-Version mehr gefühlt hab, mehr mochte, weil (im erdigen Sound von Cocker:) „withaliddle help...." das war stark... Aber jetzt, wenn ich es mir so anhör, hm, die Beatlesversion, vielleicht mag sie musikalisch oder von der Stimme her nicht besser sein, aber... „I need somebody to love..." da singt er Triolen... man merkt schon, dass da ein Songwriting dahintersteckt, ich geh mal davon aus, das ist von John...

Auf Take 2 singt jemand im Hintergrund, Paul, John, ich weiß es nicht... jetzt würde mich mal interessieren, wie es klingen würde, wenn es jemand anders singen würde, aber es ist wahnsinnig toll.

„Lucy in the Sky with Diamonds", dieses Lied, der Sound von diesem Lied... es hat mich schon immer begeistert: BamBamBam Lucy in... wie dann plötzlich der komplette Wandel war und dann wieder „picture yourself on a train in the station..." Das war so ein geniales Lied. „so incredibly high" mit dem Hall auch so, wie in Yellow Submarin dargestellt... super.

„Getting better", ein mir weniger präsentes Lied von den Beatles, und dann doch, wenn ich mir den Text anschau... „I hate to follow the rules..." starkes Lied.

Das nächste Lied „I'm fixing a hole" „dadadadada", das Intro ist der Hammer. Klingt wie ein Harpsicord., ... ich würde so was nie in die Rockmusik einbauen können oder hören wollen. Aber bei „Fixing a hole" passt es einfach.

„She's leaving home", aah, so schön melancholisch und auch gleichzeitig traurig... Ich hab's ja einige Zeit nicht so gemocht, weil es eben diese total traurige Stimmung so brachte – es ist wie beim Andante von Mozarts Kleiner Nachtmusik... Aber auch früher, da ging's nur um die Musik. Ich hab nicht verstanden, worum's im Text ging... aber heute „We gave her most of your lifes..." wie dann John mit reinkommt... Auch Klasse.

„For the benefit of Mr. Kite", Wahnsinn! Auch ein starkes Lied. Ein Lied, das ich lange Zeit nicht so gemocht habe, nur, was mir immer aufgefallen ist, dass da zwischendurch irgendwo ein Dreivierteltakt mit reingebaut wurde und das fand ich immer stark... Jetzt versteh ich auch die Texte, und wie John in meinen Augen fast sarkastisch rüberbringt, „und natürlich tanzt Henry, das Pferd, den Walzer". Klasse, auch eine wahnsinnige Collage an Geräuschelementen. Sehr toll.

„Within you, without you", lange Zeit, ja, der indische Sound, überhaupt nicht so meins. Hör ich mir trotzdem inzwischen total gerne an. Geht nicht immer, aber trotzdem, wenn ich mir das komplette Album anhöre, dann gehört es zwar mit „She's leaving home" zu den beiden Liedern, die ich gern mal überspring, aber trotzdem, „Within you, without you" ein Klasse-Lied. George hat seinen eigenen Teil da drin, und spirituell... dieser Text, „the love you share", das ist auch super... Da macht auch mit dem Take zu indischen Instrumenten zu dem, was jetzt ist mit den Streichern, von George Martin vermutlich arrangiert, noch mal ne ganz andere Stimmung – und zum Schluss dieses Gelächter,... es passt ins Konzeptalbum, aber... ansonsten total zufällig.

„When I'm sixty four" wird dann reingemischt... Das geht

immer, so fröhlich und... Paul auch am Schluss... er lacht dabei... Das macht er ja auch bei der vorigen Demo, bei Take 2, und das find ich Klasse... Das Lied ist immer gute Stimmung und auch der Text „Will you still need me, will you still feed me..." Auch wieder interessant, was da alles mit reingemischt ist.

„Lovely Rita" hab ich auch nicht immer so gemocht, aber... ich finde dieses komplette Album, da hat jedes Lied seinen eigenen Sound... und verschiedene Instrumente, unter den Liedern und in den Liedern...

„Good morning, good morning", am Anfang, als ich es kennengelernt habe, habe ich es geliebt und gemocht... später einige Zeit mehr nicht mehr, dieses „Good morning, good morning" ging mir ziemlich auf die Nerven... Wenn dann der John anfängt mit „Nothing to do...", klingt für mich total nach Ringo... der Rest vom Lied dann irgendwie nach George, mit n bisschen John drin, wobei dann irgendwie rauskommt: Es ist eigentlich John... Das finde ich bei diesem Lied super, und am Ende der Übergang... kommt diese Tiercollage,

„one two three four" dann kommt für mich das Lieblingslied von allen[91], nicht nur von den Beatles „Sgt. Pepper's Lonely Hearts Club Band Reprise". Vow, der Sound, meine Güte! Wie es mit diesen Drums anfängt, man kann es nicht fassen... dann die

---

[91] Genau, das war es für mich auch...

Gruppe... dann die Gitarre, klasse, dann singen sie.. das Album geht langsam zu Ende „We sorry, but it's time to go!"... Das macht das Album komplett... und dann noch der Tonartwechsel... zynisch John im Hintergrund „Bye" find ich Klasse. Das Lieblingslied von den Beatles für mich.

Dann Beifall und ... Man denkt, das Album ist vorbei, dann kommt noch „A Day in the Life". Was für ein wahnsinnig starkes und ausdrucksstarkes Lied. Am Anfang kommt dann (Martin greift beim Interwie zur Gitarre und spielt die Akkorde...) und dann kommt das Klavier „damdamdam"... und dann kommt John mit seiner wahnsinnig tollen... exzellenten... und dann noch diesen Hall dabei... supergut... Stimme. Und der Text ist auch sehr interessant.

Dann diese Ekstase, wenn alles zuläuft auf..."I'd love to turn you on".Alles geht los. Alles kommt zum höchsten Ton. Und dann: Wecker klingelt: Woke up, fell out of bed... Dann Paul einfach mit dem Zwischenpart, das ist Klasse. Wieder John mit dem Ah ha ha haaa, was mich so ein bisschen an Eleanor Rigby erinnert. Aber das letzte Wort davor ist glaube ich „dream". Und Ringos Schlagzeugspiel dabei, Wahnsinn!

Da merkt man mal wieder, das ist mir bei ein paar Liedern beim Bass von Paul aufgefallen, bei Lovely Rita oder Good morning, dass der Bass die Melodie mitmacht. Aber bei „A Day in the Life" merkst du's auch beim Schlagzeug, wie emotional es ist, was Ringo zum Ausdruck bringt. Dann endet das alles noch mal in dieser Ekstase, und dann diese drei Klaviere... Dieses lange Nachklingen, wie sie das Master hochdrehen, wie dann der Stuhl quietscht... absolut toll, aber ich wollte immer wissen, wie das mit dem Rumm klingt. Das wollte ich immer gehört haben, jetzt (Anniversary-CDs) weiß ich es...

Das komplette Album, es ist ein Sound, der nie alt wird... 50 Jahre, das ist eine Zeit, nee, 50 Jahre, das kann nicht sein...[92] Man kann sich's wirklich nicht vorstellen. Ich habe diese Album hin und wieder mal laufen lassen, wenn wir im Luitpoldhain saßen oder so[93], mit Freunden, wenn da ne Box war... und dann sagte ich: „Dieses Album ist jetzt fünfzig Jahre..." Und dann schauten mich alle entsetzt an: „Was, fünfzig Jahre?!" Ein zeitloser Sound, ein Super-Sound.

Was ich noch sagen wollte, zu den Emotionen bei den Beatles, John bringt die im Gesang rüber, George, Paul und Ringo bringen sich alle irgendwo im Gesang rüber, Ringo wahrscheinlich am wenigsten noch, aber auch er... und dann jeder mit seinen Instrumenten. George an der Gitarre, wie Sgt. Pepper anfängt... auf dem rechten Kanal, und dann Paul am Bass und am Klavier...

---

[92] meint ein 19jähriger

[93] Jugendliche 2017 unter sich

es ist immer wieder erstaunlich, was er aus dem Klavier rausholt.... Und auch Ringo am Schlagzeug, bei „A Day in the Life" ist es mir am meisten aufgefallen, mit den Bongos, wie er da herumspielt... Wahnsinn,.

Nochmal zu „With a little Help from my Friends." Diese Illusion: Ringo singt und spielt dazu, wurde mir genommen[94]. Aber auf den Demos fiel mir bei den Takes vom Intro auf: Paul und George Martin parallel, genau, exakt, beim ersten Take und beim zweiten... und dann, es geht eigentlich total unter, aber trotzdem, die spielen perfekt aufeinander. Und das ist bei allen Beatles-Liedern und allen Beatles-Mitgliedern so... die spielen perfekt aufeinander und es ist auch so, dass ich mich manchmal gefragt habe, hm, okay, das klingt ja ziemlich improvisiert oder... da könnte man eigentlich was sauberes machen, aber das wäre vielleicht falsch, vielleicht klingt das gar nicht so gut... und dann höre ich mir ein Demo an und das ist genauso und das ist so geplant, das heißt, die waren so exzellent,

Für mich der Expressionismus der Musik. Das Albumcover spielgelt auch in der Farbenvielfalt dieses Album wieder, weil ich auch in den Liedern diese Farbenvielfalt entdecke und erlebe und das ist einfach einzigartig und stark.

---

[94] Durch die Anniversary-CDs...

21 Penny Lane und Carnaby-Street

Mit dem Schnipsel schließt dieses große Konzeptalbum. Aber zum gesamten Konzept gehören noch einige Lieder, die im Umfeld veröffentlicht wurden, obwohl sie für das Album gedacht waren oder sich in das Spektrum erweiternd einfügten.

Eigentlich planten John und Paul Sgt. Pepper als ein Heimatalbum. Mit dieser Zielsetzung entstanden die ersten beiden Titel „Strawberry Fields" und „Penny Lane" mit ihren lokalen Bezügen – die schon mal bei „Yellow Submarine" auf „Revolver" im Jahr zuvor durchschimmerten.

Den Anforderungen des Marktes an Weihnachten zu genügen, warf George Martin sie in Absprache mit Brian Epstein vorzeitig ins Rennen geworfen, wie er wehmütig erzählte. Zudem veröffentlichte er sie im Februar 1967 als Doppel-A-Seite, was sich hitparadenmäßig als selbstmörderisch erwies.

Aber „Penny Lane" entwickelte sich zum musikalischen Auftakt für ein Jahr, in dem sich für unsere westliche Gesellschaft nachhaltige Änderungen vollzogen. Die Popmusik erhob zunehmend den Anspruch, mehr als nur erfolgreiche Hits abliefern zu wollen. Es ging um eine neue Art von Kultur, die auch in andren Bereichen sichtbar wurde. Dabei griffen die Beatles bei „Penny Lane" auf anschauliche Alltagsbeobachtungen in der realen Penny Lane in Liverpool zurück. Ob es nun um den

Frisör mit seinen Fotos ging, um den aller Witterung gegenüber gleichmütigen Bankier, das blumenverkaufende Kindermädchen oder den Feuerwehrmann, der durch den strömenden Regen eilte. Alltagsidylle mischt sich mit poetisch-ironischen Formulierungen: Eure Realität kann auch irreal wirken.

Das Video freilich ist jenseits der Beschreibung der Realität: Die Jungs reiten durch Liverpool mit seinen grünen Doppeldeckern und scheinen aus einer vergangenen Epoche zu kommen, symbolisiert durch ihr roten Uniformen.

Heute firmiert „Penny Lane" als Klassiker und Liverpool verzichtet dort auf Straßenschilder, weil sie ohnedies nur geklaut werden. Die Beatles führten freilich ihre Generation weiter, auf neue Straßen.

In Penny Lane begleitete sie ein musikalisches Zitat von Beethoven, aber die gleichgewichtete Rückseite Strawberry Fields, ebenfalls eine Ortsangabe in Liverpool wies in die psychodelische Richtung – so wie im selben Jahr Magical Mystery Tour und Sgt. Pepper.

Vielleicht lassen sich die gesellschaftlichen Umbrüche jenes Jahres auch darauf zurückführen, dass die erwachsen werdende westliche Jugend die Welt ihrer Eltern nur als Karikatur deren Werte erlebte. Jürgen Moltmann[95] analysierte im Rückblick, dass

---

[95] Autor des bahnbrechenden Buches „Theologie der Hoffnung".

jene Generation ausnahmsweise eine moralische Revolution durchführen wollte – im Kontrast zu in der Regel ökonomisch motivierten Revolutionen.

Wir können Sympathie für junge Leute empfinden, die die verlogene Welt ihrer Eltern einreißen und an dieser Stelle etwas Neues aufbauen wollten. Freilich hören wir 2017 auch aus der Jahreslosung der evangelischen Kirche: Es ist nicht euer guter Wille, der das Gute schafft. Ihr braucht ein neues Herz, und das kann euch nur geschenkt werden.

Wenn wir statt 50 Jahre 500 Jahre zurück schauen, erkennen wir dasselbe Phänomen: Die guten Motive der aufbrechenden Reformation wurden dadurch konterkariert, dass die neuen Herzen nicht gleich mitgeliefert wurden. An Martin Luther als Individuum lässt sich das nachhaltig beobachten, ebenso hinterließ Thomas Müntzer nach der Niederlage von Frankenhausen seinen überlebenden Anhängern[96] als Vermächtnis: Der Weg in die Freiheit scheiterte daran, dass ihr euch nach wie vor an euch selbst und euren Interessen ausgerichtet habt und nicht Gottes Interesse für seine Menschen in eurem Herzen getragen habt.

Zu Penny Lane und Strawberry Fields ("I think a No! I mean a yes!") gesellte sich die Carnaby-Street mit der Blumenmode, zur

---

[96] Er selbst wurde unmittelbar darauf geköpft.

Musik aus Liverpool und London (Rolling Stones: Let's spent the night together) die kalifornischen Bands. San Francisco löste das himmlische Jerusalem ab. Inzwischen geht nach einer magischen Zeit das Leben verändert, aber leider weiterhin sehr irdisch weiter. In der Penny Lane gibt es wieder einen Barbershop, in dem bestimmt ein Frisör seinen nächsten Kunden bedient. Die Babyboom-Generation, die an der Magie jenes Jahres schnuppern durfte, könnte heute wieder einmal in die alten Lieder hineinhören…

Fast fünfzig Jahre nach der Veröffentlichung von Penny Lane hörte ich Udo Lindenberg wieder mit seinem „Reeperbahn". Da versucht er, die Szenerie aktuell zu transformieren. Freilich schwebte er im Konzert im Nürnberger Frankenstadion mit einer Gondel ein… und vermengte sein Konzert mit Fantastereien, etwa einem Raumschiff, das von oben einschwebt und Extraterristen tanzen lässt. Sein Surrealismus visualisiert die expressionistische Dichtung, die Sgt. Pepper in die Popmusik initiierte.

Eine Besonderheit von Penny Lane ist natürich diese kleine Trompete, die Bachtrompete. Echte Fans wissen allerdings, dass schon „For Noone" ein Trompetensolo enthielt, angeblich mit dem ersten fremden Musiker bei den Fab Four. Da müssen wir ganz vorsichtig sein und zumindest George Martin mit seinen pianistischen Fähigkeiten ausnahmsweise in die Beatles einreihen.

22 Strawberry Fields

„Strawberry Fields..." trägt für Insider die Ambivalenz im Titel. Erdbeerfelder klingt schmackhaft, aber das dortige Waisenhaus der Heilsarmee – gerade in der Nachkriegszeit spielten Orphanages eine große Rolle für Opfer der Nazi-Bombardierungen -, veranschaulicht die soziale Härte.

In seinem Text wird John keineswegs sozialkritisch, sondern existentialistisch. „Nothing is real..." er fügt Satzfragmente aneinander, unter denen man sich zwar vor allem assoziativ etwas vorstellen kann, die aber im Gesamt keinen logisch schlüssigen Text ergeben.

In den frühen Beatles-Liedern gab es immer einen Sinn. Aber der hielt sich von seiner Bedeutung her in Grenzen. Hier wird die Sinnlosigkeit zum Konzept, was den logischen Prozess betrifft. Künstlerisch geht es tiefer, als vielleicht der Künstler es wollte. Aber er ahnte eine Menge von dem, was es auslösen konnte.

Der wesentliche ältere George Martin, von allen vier der am stärksten in der konventionellen Welt beheimatet, fühlte sich auf alle Fälle sofort angesprochen. „No one I think is on my tree..." könnte man als Textzeile ebenso wie jede andere wählen. Du kannst dir sofort etwas vorstellen, aber dann bist du bereits jenseits des Erzählens oder Berichtens, sondern eher im Träumen.

Der Film dazu als Teil von Magical Mystery Tour liefert die

surrealistischen Bilder.

Mit diesen beiden Songs verbinden die Beatles ihre konkrete Heimatstadt Liverpool mit dem Aufbruch in eine neue Welt, in der Entfernungen nicht durch Meilen oder Kilometer bestimmt werden, sondern durch Erfahrungen und Bilder.

2.3 1967, ein Jahr der Ereignisse

1967 war nicht irgendein Jahr. Das war am ersten Januar noch nicht klar. So etwas steht nicht von vornherein fest. Aber wer sich dieses Jahr unter verschiedenen Gesichtswinkeln aus sicherer

Entfernung anschaut, stellt verwundert fest: Da bewegten sich viele Weichen zu neuen Weichenstellungen. Heute erscheint auch Sgt. Pepper anders, wenn wir den Kontext wahrnehmen.

Eine andere Seite des Juni 67

1967 entpuppte sich als ein hochexplosives Jahr, gerade bei der Jugendkultur. Die „Jimi Hendrix Experience" stieß mit ihrem „Are You Experienced" (Mai) in eine neue Dimension vor, „The Beatles" gelang dies mit „Sgt. Pepper's Lonely Hearts Club Band" (1.6.67) massenkompatibel. Zwar brachen die Liverpooler Künstler radikal mit Traditionen, aber handwerklich so solide, dass die Innovationen belastbar blieben. Erst die Hendrix-Version von Sgt. Pepper sprengte großbürgerliches Fassungsvermögen.[97]

Mit meinen zwölf Jahren öffnete sich der Blick für die weite Welt[98] und ich notierte mit Bleistift in meiner Bibel (!) bei den Landkarten: „Israel ist im Krieg mit Aegypten 6.6.1967". Heute weiß ich, es war der Sechstagekrieg.

Die Zeitungsmeldungen verunsicherten mich, denn Israel hatte Ägypten angegriffen. Angreifen ist böse, so hatte ich gelernt, und als Bibelleser war Israel für mich als Volk Gottes natürlich gut. Heute kann ich das Ganze differenzierter betrachten, aber das

---

[97] Meines Wissens gibt es nur Schwarzpressungen und entsprechende CDs von dieser Version.
[98] der bis dato durch den Kindergottesdienst auf Papua-Neuguinea beschränkt war...

fundamentale Entsetzen blieb.[99] Kommentatoren, die klüger sind als ich, meinen deshalb, dass der August-Song der Beatles schon gar nicht mehr zeitgemäß war: „All you need is love." Dazu bin ich zu naiv. Was sollte angesichts des Krieges wichtiger sein als Liebe?

Näher bei uns geschah etwas, dessen Folgen nicht abzusehen waren: Der Schah von Persien besuchte Deutschland, im kalten Krieg provokativer Weise auch West-Berlin und es kam zu Protestdemonstrationen. Vor allem die Studenten hatten die Demokratisierung, die sich nicht aus deutschen Grundeinstellungen entwickelt hatte, sondern von den westlichen Siegermächten „importiert" wurden, verinnerlicht.

Diese junge Generation nennt man die „vaterlose". Fast die Hälfte der potentiellen oder aktuellen Väter war im Krieg gestorben. Die Überlebenden eigneten sich nicht zwangsläufig als Vorbilder.[100] Ihre antidemokratischen Vorstellungen stießen bei

---

[99] Wenn ich Täter und Opfer summieren wollte, würde ich auf fast das Doppelte wie die Zahl der Beteiligten kommen. Oft genug sind Täter die, die in anderem Zusammenhang Opfer sind. Diese komplexe Sachlage ist für Friedensbemühungen teuflisch.

[100] Ich verweise über lange Sicht auf den CDU-Ministerpräsidenten von Baden-Württemberg, der nach langer Leugnung seiner Todesurteile für die NSDAP zunächst nur das Argument „Was damals Recht war, kann heute nicht Unrecht sein" fand. - In der Schizophrenie der Juristen stimmt dieser Satz übrigens. Juristen bewegen sich in einer Parallelwelt, in der alles stimmt, was Gesetz ist. Wenn der Bundestag beschließen würde, dass die Sonne sich um die Erde dreht, wäre dies

den jungen Leuten auf Widerstand, die demokratischen Strukturen ermöglichten einen neuen Zugang zur Gestaltung in der Gesellschaft. Ein Bundespräsident Lübke, der maßgeblich am Bau von Konzentrationslagern beteiligt war, machte die Moral der herrschenden Mehrheit unglaubwürdig.

Der Schah galt als repressiv und „Knecht" der USA, die sich durch die menschenverachtende Kriegsführung in Vietnam moralisch desavouiert hatten. Also wurde gegen ihn demonstriert. 30.000 Polizisten sollten die Protestierenden in Schach[101] halten. In Berlin gingen am 2. Juni 1967 3000 Menschen auf die Straße. Die Furcht vor einem Attentat auf Schah Reza Pahlevi war riesig – naheliegend bei einem Diktator. Doch griff die Polizei in Berlin nicht ein, als iranische Jubelperser auf deutsche Studenten eindroschen.[102]

---

für Juristen die Wirklichkeit, die sie zu vertreten hätten. Wenn auf die Leugnung dieser Behauptung die Todesstrafe stände, wäre eine verhängte Todesstrafe legitim, auch noch nach der Änderung jenes Gesetzes. Juristen als solche sind im Recht, unabhängig von der Wirklichkeit.
    Später behauptete Filbinger, alle seien Sünder und damit auch er. Das stimmt zwar. Aber als Entschuldigung taugt es nicht. Denn wenn alle etwas Böses tun, bleibt es immer noch böse.
[101] Dieses Wort ist identisch mit dem Titel des persischen Besuchers.
[102] Übrigens 2017 auch nicht in den USA, als „Leibwächter" des türkischen Machthabers und angehenden Diktators Erdogan auf Demonstranten einprügelten und sie traten. Orang-Utan-Trump, Mann der mächtigen Worte, ließ das auf sich beruhen. Alleinherrscher unter sich…

Ein Polizeimeister hingegen griff im Tumult zur Waffe und erschoss, vermutlich gezielt (!) einen unbeteiligten Studenten. Benno Ohnesorg wurde tödlich getroffen ins Krankenhaus gebracht. Ausgerechnet ein iranischer Arzt unterzeichnete den Totenschein mit einer gefälschten Todesursache (Schlag mit einem stumpfen Gegenstand). Man rechnete im Klinikum mit einen verletzten Schah, nicht einem Demonstranten.

Der regierende Bürgermeister von Berlin, Heinrich Albertz[103] war entsetzt. Er versuchte, den Fall aufklären zu lassen – vergeblich. Nicht nur Bonn, damals noch Regierungssitz der „BRD" blockierte. Albertz trat zurück. Die integersten Rücktritte vollziehen mitunter protestantische Geistliche[104].

Erst Jahre nach dem Mauerfall stellte sich heraus, dass der Todesschütze, Kriminalobermeister Karl-Heinz Kurras im Sold der „DDR" (Schreibweise BILD) stand.

Die Folgen des tödlichen Schusses waren unermesslich. Heinrich Albertz' Versuch, durch Aufrichtigkeit einer Eskalation entgegen zu wirken, scheiterte angesichts der Blockade der Bundesregierung, des Verfassungsschutzes und des BND. Drei Jahre später gründete sich die Gruppe „Bewegung 2. Juni".

---

[103] Von Beruf Pfarrer. Für die in die Radikalität abdriftenden Studenten aber blieb er ein Mann der Integrität, dem sie in der Krise vertrauten, ohne dass er auf ihre Seite kommen musste. Er konnte sich zwischen den Seiten positionieren. (s.u.)
[104] Ein weiteres Beispiel wäre Margot Käsman.

Zwei Gründungsmitglieder schrieben aus dem Abstand von drei Jahrzehnten heraus: „Die eigentliche Politisierung kam erst mit der Erschießung Benno Ohnesorgs am 2. Juni 1967. Nach all den Prügeln und Schlägen hatten wir das Gefühl, dass die Bullen auf uns alle geschossen haben. Gegen Prügel konntest du dich ja ein Stück weit wehren. Dass aber einfach jemand abgeknallt wird, ging ein Stück weiter."

Auf das Konto der „Bewegung 2. Juni" gingen brutale Anschläge wie die Ermordung des Kammergerichtspräsidenten Drenckmann und die Entführung von Peter Lorenz. Ihr Mitglied Ulrich Schmücker (Berufsziel: Pastor) wurde 1974 angeblich von Gesinnungsgenossen erschossen, die Tatwaffe befand sich jedoch 20 Jahre lang beim Verfassungsschutz...

Zehn Jahre nach Ohnesorgs Tod erschoss die RAF Generalbundesstaatsanwalt Buback, der zuvor „Terroristen" das Recht auf rechtsstaatliche Behandlung abgesprochen hatte. Wer wen als Terroristen tituliert, ist immer auch eine Frage der Perspektive, nicht des objektiven Rechts, wie wir an der Diktion von Putin, Erdogan und Assad sehen können.

Über Buback las ich bei meinen Recherchen Anfang April 2017, dass über seine Entnazifizierung nichts bekannt sei. Als ich zwei Tage später dies für einen Vortrag belegen wollte, war dieser Satz heraus genommen. Offenbar wird mit Geschichte nachhaltig umgegangen...

Diese Ereignisse, die ich seinerzeit aufmerksam mitverfolgte, blieben bei mir immer ein Stück weit präsent. Aber die intensiveren Recherchen für diesen Teil der Sgt. Pepper Reflexionen veränderten bei mir etwas: Ich bin politisch verstört, in einem solchen Land zu leben, in dem Lug und Trug zu den Mitteln der demokratisch legitimierten Politik gehören. Es wäre gut, wenn der christlich motivierte Teil der Gesellschaft belastbar zeigen könnte: Bei uns ist es anders! So soll es sein.

...8 Jahre später: Heinrich Albertz und die RAF

1975 war das Jahr der Bewährungsprobe unserer jungen Demokratie, die diese nicht bestand.[105] Schon das Vorjahr war durch die RAF geprägt. Im Februar wurde Peter Lorenz, der CDU-Spitzenkandidat von Berlin entführt. Die Täter firmierten als „Bewegung 2. Juni" nach dem 2.6.67, als der Student Benno Ohnesorg durch die Polizei während einer Demonstration erschossen wurde:[106] Der Name der Bewegung sollte immer daran erinnern, dass die andere Seite zuerst geschossen hat. Die bundesdeutsche Demokratie hatte ihre Unschuld verloren, so sie je

---

[105] Mein Jahrgang kann das beurteilen, denn wir wurden kollektiv am 1.1.75 volljährig - ohne Geburtstag zu haben, da wir quasi mit den Sylvesterböllern reiften.

[106] Nach heutigen Kenntnissen war der Polizist von der „DDR" angeworben worden, um die Bundesrepublik zu destabilisieren. Das gelang auch.

eine hatte.[107]

In der RAF entwickelten sich die Mitglieder des „harten Kerns" zu Mördern. Darauf reagierte die Politik wie auch die Presse fast schon panisch – eine Panik, die bei rechter Gewalt ausblieb: Dass es durch diese in Deutschland mehr Gewaltverbrechen als durch „Linke" gab und gibt, wurde bis zur Jahrhundertwende totgeschwiegen.

Die Entführer hatten Erfolg: Inhaftierte RAF-Mitglieder konnten nach Südjemen flüchten. Auf ihren Wunsch hin begleitete sie Pfarrer Heinrich Albertz. Warum er? Als Regierender Bürgermeister von Berlin war er 1967 nach dem Tod Benno Ohnesorgs zurück getreten. Damit hatte er sichtbar die Verantwortung übernommen. Das machte ihn vertrauenswürdig. Zudem äußerte Albertz immer wieder seine (selbst-)kritische Sicht der Dinge. Seinen Rücktritt fand er selbst ambivalent, da er damit Handlungsmöglichkeiten verlor, mit denen er korrigierende Impulse setzen konnte.

Freilich war er Pfarrer. Als Begleitperson der Terroristen wusste er, dass er mit Menschen und nicht einfach mit Staatsfeinden unterwegs war. Während Politik und Presse die verlorenen jungen Leute zu Unmenschen stilisierten und ein überschaubarer Kreis von Sympathisanten in ihnen revolutionäre

---

[107]Immerhin hatte sie mit Heinrich Lübke einen Bundespräsidenten, der KZs mitkonstruiert hatte.

Helden sahen, begegnete der Geistliche ihnen auch mit Trauer. Er hatte den Weg vom Erkennen von Unrecht über Demonstrationen und Polizeigewalt bis zum gewaltsamen Widerstand mitverfolgt. Er wusste, dass unter seinen Mitbürgern, die sich so über die „Revolutionäre" empörten, viele waren, die den Naziterror unterstützt hatten.[108]

Er begleitete die Terroristen als Pfarrer und legte Wert darauf, dass man sich vertrauen konnte. Die Gefangenen hatten ihm gesagt[109], dass in der Zelle ihrer Begegnung sich Abhörgeräte befänden. Doch der zuständige Beamte leugnete dies, „ohne mir dabei in die Augen zu sehen". Nach seiner Rückkehr protestierte Albertz: „Ich bin als Pfarrer in dieser Zelle gewesen. Ein Abhören meiner Gespräche mit den Gefangenen ist ein unverantwortlicher Vertrauensbruch gegenüber einem Mann, der sich ja nicht aus Vergnügen für diese schwierige Aufgabe zur Verfügung gestellt

---

[108] 10.10.78: „Ich bin nach 1948 als Minister durch ein Gesetz mit Verfassungsrang dazu gezwungen worden, praktisch jeden ehemaligen Nationalsozialisten, wenn er nicht Verbrechen begangen hatte, in den öffentlichen Dienst wieder einzustellen. Wir haben diese Leute nicht gefragt und nicht fragen dürfen, wie es um ihre Nazigesinnung bestellt sei... und hat nicht diese Frage ihr besonderes Schlaglicht erhalten, seit wir Herrn Filbinger kennengelernt haben?" (Nachträge S.170f.) Der spätere CDU-Ministerpräsident und Jurist Filbinger hatte noch nach Kriegsende „Deserteure" hinrichten lassen und später lakonisch kommentiert: „Was damals rechtens war, kann heute nicht Unrecht sein" Diese demokratisch legitimierte Amoralität führte mit zum Aufbegehren der damaligen Jugend.
[109] in seinem Bericht über die Begleitung am 11.3.75

hat." Es waren Beamte aus mindestens drei Bundesländern und vom Bund beteiligt. So klagte er befriedigende Antworten ein.[110]

Es war der ehemalige Regierenden Bürgermeister von Berlin, der die politische Verantwortung für den Tod von Benno Ohnesorg auf sich genommen hatte, von dem sich die Freigelassenen für die Begleitung bedanken, teils mit Tränen, und von denen einer ein Hemd des Pfarrers behalten wollte.[111] Heinrich Albertz verurteilte sehr deutlich die terroristischen Taten, aber er begegnete den Tätern als Menschen – während sie in der Öffentlichkeit als Monster dargestellt wurden, anders als die nationalsozialistischen Gesellschaftsverbrecher. Vor seinem Abflug predigte er turnusgerecht Gen.22, die „Opferung Isaaks" und schloss mit dem Satz „Das geliebte Kind darf leben!"[112].

Februar und März 1975 - an Heinrich Albertz zeigte sich, dass Integrität einen Wert mit Seltenheitswert in unserer Gesellschaft darstellt. Aber er hat es gelebt – er stellte dem bürgerlichen Kleinmut eine freimütige Glaubenskraft entgegen.

Die zwiespältige „klammheimliche Freude" 1977

„Klammheimlich" wurde in meiner Generation blitzartig zum Unwort, als 1977 ein pseudonymer „Mescalero" in einer Göttinger Studentenzeitung eine „klammheimliche" Verbundenheit zu dem

---
[110]Blumen für Stukenbrock, S.180f.
[111]Ebd.S.186
[112]Ebd. S.193

Mordanschlag auf S.Buback bekundete. Er lehnte zwar dessen Gewalt ab, glaubte aber, die sozial- und gesellschaftskritischen Motive teilen zu können. In meinem Studienort Tübingen schlossen sich Theologiestudenten, die ja per se für Gerechtigkeit sind, ihm an und wurden von meiner Landeskirche reglementiert. Ich fühlte mich diesen Studenten klammheimlich verbunden.[113] Die Reaktionäre in Deutschland, die die Sprache bestimmten, versahen ab diesem Zeitpunkt auch „Sympathisanten" mit einer negativen Konnotation, als sei Sympathisieren etwas Bösartiges.

Der Text enthielt übrigens in seinem zweiten Teil eine unmissverständliche Kritik an Gewaltanwendung. „Unser Zweck, eine Gesellschaft ohne Terror und Gewalt (wenn auch nicht ohne Aggression und Militanz), […] dieser Zweck heiligt eben nicht jedes Mittel, sondern nur manches. Unser Weg zum Sozialismus (wegen mir: Anarchie) kann nicht mit Leichen gepflastert werden. […] Einen Begriff und eine Praxis zu entfalten von Gewalt/Militanz, die fröhlich sind und den Segen der beteiligten

---

[113] Das hängt natürlich auch mit Siegfried Buback zusammen, der keineswegs deeskalierend wirkte, sondern die Situation eher verschärfte. Man sollte Ursache und Wirkung nicht verwechseln. Völlig anders verhält es sich bei Polizisten, die ihre Arbeit tun. Nach meinem Eindruck (schon seit meiner Studentenzeit) sind bei manchen Personengruppen Polizisten ein pawlowscher Reflexgrund. Wer auf Polizisten negativ reagiert, weil sie Polizisten sind, zeigt das Niveau derer, die seinerzeit auf Langhaarige negativ reagierten, weil sie lange Haare hatten.

Massen haben, das ist (zum praktischen Ende gewendet) unsere Tagesaufgabe."[114]

Für mich waren diese Jahre eine Zeit, in der sich noch einmal faschistischen Kräfte aus der Zeit des „Dritten Reiches" nach vorne spielen konnten und auf dem schwarzen Hintergrund der RAF demokratische Bestrebungen desavouierten. Ein Mord bleibt ein Mord. Aber dadurch werden die Opfer noch nicht zu Heiligen und ihre Brutalitäten nicht nivelliert. Sgt. Pepper gehört jener Generation, die gegen die Bigotterie ihrer Eltern aufbegehrte und zugleich gegen die Bigotterie der Gesellschaft, die ihre Eltern repräsentierten.[115]

Die „klammheimliche Freude" von damals würde ich heute bei Putin, Trump und Erdogan (es fänden sich noch einige mehr) verorten, die viel brutaler als die RAF eine Geschichte des Blutvergießens und der Rechtsmißachtung schreiben. Möge es

---

[114] (Quelle: Wikipedia) Dazu passend aus der Stuttgarter Zeitung „Das war nichts Persönliches" 15. Dezember 2013 – Der Polizist, der von Günter Sonnenberg fast erschossen wurde, erzählt.

[115] Ich darf an dieser Stelle beispielhaft auch für andere meine eigenen Eltern ausnehmen, die sehr reflektiert mit ihrer Vergangenheit im sog. „Dritten Reich" umgingen (wobei in das Elternhaus meiner Mutter durchaus die Gestapo kam, weil ihr Vater sich empört über verschiedene Aktionen der Nazis geäußert hatte. Uns als ihren Kindern demonstrierten sie ihre Lernfähigkeit, indem sie offen über die Verführungen der Nazis für Jugendliche erzählten, zugleich aber aufwiesen, wie gut und wichtig unsere demokratische Gestaltung der Gesellschaft sei und welche ethische Basis die auf Jesus zurück zu führende christliche Religion habe.

den bundesdeutschen Regierungen egal welcher Couleur es gelingen, Zeichen der Demokratie, Gerechtigkeit und Menschenwürde zu setzen.

Che Guevara, Andy Warhol, John Lennon

Am 9. Oktober 1967 wurde John Lennon 27 Jahre alt. Am selben Tag exekutierte das Militär Ernesto Che Guevara. Inzwischen sind beide Ikonen.

Manche werden nie alt. An diesem Punkt kommen zwei Persönlichkeiten zusammen, für die das Stichwort "Ikone" plastischer zutrifft als für die ebenfalls so titulierten Pop-Ikonen. John Lennon und Ernesto Che Guevara. Unter diesem Blickwinkel mag es akzeptabel sein, beide in einem Atemzug zu nennen. Guevara war 39, Lennon 40, als sie jeweils erschossen wurden.

Che Guevaras Bild prangt auf Postern in Zimmern oder schmückt das T-Shirt eines Jugendlichen. Fast könnte man ihn für einen Popstar halten. Wenn wir uns näher mit Che Guevara beschäftigen, wird jedoch schnell deutlich, dass eine Ikone mehr über die Verehrer verrät als über den Verehrten.

Über die „Ikone" gibt es eine skurrile Geschichte: Nach Guevaras Tod produzierte Gerard Malanga, ein Mitarbeiter von Andy Warhols „Factory" eine Serigraphie in Warhols Stil und verkaufte sie einer römischen Galerie. Warhol entdeckte den Betrug und reagierte professionell. Anstatt Malanga zu verklagten, autorisierte er den Druck und erhielt damit den Erlös. Clever!

Hier zeigt sich ein künstlerischer Zug von Warhol[116]. Er demonstrierte durch seine Serigraphien die Reproduzierbarkeit auch idolisierter Menschen (Monroe, Presley). Zugleich ließ er seine Werke auch von Mitarbeitern seiner „factory" signieren, was wiederum zu einer „Entpersonalisierung" des Künstlers und dadurch auch des Modells führte. Im Falle von Guevara führte „Warhols" Adaption dazu, dass der „Revolutionär" von der konkreten geschichtlichen Person Ernesto Guevara abgespalten und dadurch idealisiert werden konnte.

Warhol serigraphierte auch John Lennon. Allerdings kannten sich die beiden. Yoko Ono, als Künstlerin nicht unbekannt, hatte sie zusammengebracht. Einem Video von 1972 zufolge mit einem „unflotten Dreier", wo die beiden Männer sich dem jeweils weniger begehrten Geschlecht unsittlich näherten... Treffpunkt war die factory und Warhols Portrait von Lennon wurde später zum Coverbild der Live-LP „Menlove Ave"[117]. Den Film über die drei drehte ausgerechnet Gerard Malanga, der Guevara gefaked hatte.

Sean Lennon erzählte, dass er zu seinem achten Geburtstag ein

---

[116] Vgl. hierzu „Lucy, der Himmel und ich"
[117] In der Menlove Avenue in Liverpool wuchs John auf.

Geschenk von Andy Warhol bekam. Es war eine Katze – o, wie kinderlieb! -, allerdings ausgestopft...[118] Warhol verschwand übrigens genau zwanzig Jahre nach St. Pepper's Erscheinen aus der sichtbaren Welt. Aber wir haben ihn ja noch als gedruckte Massenware.

Jahr der Revolutionäre? Che Guevara

Kommen wir zurück zur anderen Ikone, zu Che Guevara. Bereits sein Geburtsdatum „14. Juni 1928" (in Rosario, Argentinien) ist nicht ganz unumstritten, weil einer seiner Biographen behauptet, Guevaras Mutter hätte die Geburt nachdatiert, um die Schwangerschaft bei der Hochzeit zu vertuschen. Sein "Berufungserlebnis" hatte er wohl 1951, als er mit einem alten Motorrad durch Lateinamerika tourte und den Kontrast zur eigenen Herkunft realisierte: die erschreckende Armut der ruralen Bevölkerung und die sozialen Widersprüche. Schon als kleines Kind asthmakrank, hatte er Medizin studiert und promovierte 1953. In diese Zeit fiel auch der Beginn seiner Verehrung von Stalin, dessen Brutalität er keineswegs ausblendete, sondern übernahm. Seinen Kampfgefährten, den Kubaner Fidel Castro lernte er 1955 kennen, drang mit ihm 1956 auf Kuba ein und kämpfte als Comandante im Guerillakrieg

---

[118] Sean Lennon bei der Eröffnung der Ausstellung „Briefe an Andy Warhol" in New York im November 2016)

erfolgreich gegen den von den USA unterstützten blutigen Diktator Batista.

Warhols Ikonisierung trug dazu bei, dass diese Zeit später sehr romantisiert wurde. Doch der „Arzt" hatte sie mit Blut gezeichnet und blieb dabei. Er wollte den "Neuen Menschen" erzwingen, nicht durch materielles Locken, sondern durch hohe moralische Ansprüche wie auch durch gewaltsame Methoden.[119] Der Dottore, der Leben retten sollte, wurde zum Dauerrevolutionär, der Leben vernichtete. Er ordnete Todesurteile (auch ohne Gerichtsverhandlung) an und vollstreckte sie teilweise selber.

Der Übergang vom Revolutionär zum Politiker gelang ihm nicht - und dieses Misslingen kostete vielen Menschen das Leben. Dass er ein von den USA unabhängiges Kuba aufbauen wollte, war angesichts der Unterstützung, die die USA auch noch Jahrzehnte später üblen Diktatoren gewährte (mit gigantischen materiellen Gegenleistungen, oft Zugriff auf Rohstoffe), verständlich. In seine Zeit fiel auch die misslungene Invasion in der Schweinebucht durch die USA (Kennedy) 1961 und die Kubakrise, wo es um die Stationierung von Atomraketen in Kuba durch die UdSSR ging ("vor der Haustüre der USA").

Guevaras üble Rolle war die Geringschätzung menschlichen

---

[119] Diesen Widerspruch werden solche angeblichen Revolutionäre wohl nie wahrhaben wollen: Kein Zweck heiligt menschenverachtende Mittel.

Lebens - er war bereit, Atomraketen auf die USA abzufeuern und nahm der UdSSR ihren Weg der "Friedlichen Koexistenz" übel - 1960 legte er zum Missfallen der sowjetischen Regierung vor Stalins Grab Blumen nieder; Mao schien ihm der bessere "Kommunist". Dass er Gewalt als Mittel der Politik legitimierte, untermauerte er noch 1964 auf einer Rede vor der UNO.

Dem Revolutionär blieb nur noch die Flucht aus der Politik; als Geschäftsmann getarnt verließ er Kuba in Richtung Kongo. Die afrikanische Revolution scheiterte - aus seiner Sicht mangels Disziplin. Schließlich kämpfte er sich durch Südamerika, wo er am 8.Oktober 1967 in Bolivien in einem Gefecht gefangen genommen wurde und tags darauf ohne Gerichtsverhandlung hingerichtet wurde - eine Methode, die er durch eigene Praxis als Minister in Kuba legitimiert hatte.

Der tote Revolutionär, schon zu Lebzeiten legendär, wurde mehrfach fotografiert, teilweise aus Perspektiven, die eine Art von Heiligenbildern als Ergebnis hatten. Dieser Heilige hatte noch 1967 in einer international rezipierten Schrift aufgerufen, „zwei, drei, viele Vietnams" zu schaffen und sich als Guerilla im Kampf von „unbeugsamem Hass" antreiben zu lassen, als „effektive, gewaltsame, selektive und kalte Tötungsmaschine".

In der aufgeheizten politischen Atmosphäre des Europas von 1967/68 wurde es auch hier gedankenlos hochgejubelt von jungen

Menschen, die der faschistischen Elterngeneration gerade solches Denken vorwarfen. Che Guevara erschien wie ein neuer Jesus.

Jesus und Che Guevara in einem Atemzug? Ja, sogar zweimal. Einmal, wenn es um Devotionalien geht: von Jesus wie vom toten "Che" gibt es Reliquien und Anhänger, die sich einen Dreck um die konkrete Person scheren und sie auf diese Weise sogar in eine Reihe stellen können. Ein zweites Mal, wenn Guevara Jesus exekutiert. Denn so kontrastreich sind diese beiden Ikonen: Eine Revolutionär, der mordet und einer, der sich ermorden lässt.

Für mich war die Beschäftigung mit Che Guevara, der in meiner Generation auch von Freunden verehrt wurde, sehr aufschlussreich, weil es um einen letztlich quasi-religiösen Fanatismus geht - bei dem Revolutionär wie auch bei Anhängern. Um eines am Schluss noch festzuhalten: Damit sage ich nichts, wirklich nichts, gegen die Ziele der Revolution zur Befreiung von Menschen aus Unterdrückung. Die Kritik an menschenverachtenden Revolutionären muss die Kritik an menschenverachtenden Diktatoren, menschenverachtenden demokratisch gewählten Regierungen und menschenverachtenden gewissenlosen Wirtschaftsunternehmen enthalten, sonst ist sie bigott. Che Guevara (1928-1967) ist übrigens Zeitgenosse von Martin-Luther King (1929-1968).

Auf dem sogenannten „Weißen Album" der Beatles finden wir

das Stück „Revolution No.1". Hier reagiert Lennon nicht nur, aber auch auf Guevara. Andere Auslöser waren die Studentenunruhen in Paris im Mai, der Vietnamkrieg und die Ermordung von Martin Luther King. Der Erscheinungstag des Albums war wohl eher zufällig der 22.11.68, auf den Tag genau fünf Jahre nach der Ermordung von John F. Kennedy.

24 All you need is love – trotz allem[120]

Mit der französischen Nationalhymne statt mit „God save the Queen" – ohnedies gerne zu „God shave the Queen" von Lennon verfremdet, beginnt dieser Song. Er wurde in der BBC-TV-Sendung „Our World" live eingespielt und sollte aus der Provinzialität eben die ganze „World" hinausgehen.

Um sprachliche Grenzen zu durchbrechen, wurde die im Refrain sehr sparsame Botschaft in vier Sprachen graphisch präsentiert. In 31 Ländern empfing man diese Sendung und schätzungsweise 400.000 Menschen sahen sie.

War das wie die Mondlandung? Die Beatles, die nicht mehr live auftraten, spielen vor Hunderttausenden ein neues Lied ein?

Natürlich war das meiste bereits vorproduziert und lief Playback. Aber es blieb noch viel übrig für das Charisma der Fab Four.

---

[120] Das Lied „Trotz alledem" von Hannes Wader erschien erst 1977.

Als die Sendung am 25.6.67 ausgestrahlt wurde und die Botschaft „All you need is love" in alle Welt gesendet wurde, war der „Sechs-Tage-Krieg gerade erst mal zwei Wochen her... Und in Vietnam gab es keine Feuerpause.

Im „Summer of Love" hatte die BBC vorgegeben, dieses Lied so einfach zu halten, dass die Zuschauer anderer Länder es auch ohne viele Sprachkenntnisse verstehen könnten.

Der lange Ausklang unterhält mit vielen musikalischen Anspielungen, etwa „She loves you", „Yesterday" oder „Greensleeves", aber auch Bach (BWE 779) oder „In the Mood". Zur Freude der Fans entdeckte man auch andere Poplieblinge, an vorderster Front Mick Jagger.

Die Bläser stellten den Frieden zwischen Rockmusik und klassischer Musik dar. Die Menge der mitsingenden Gäste öffnete den innersten Beatles-Zirkel und signalisierte ein friedliches Miteinander. Die bunte Kleidung erinnerte an die Hippies, die gerade in „San Franzisco" den „Summer of Love" in der Stadt aufblühen ließen, die Blumenkinder.

John scheint beim Singen trockene Lippen zu haben und hat vielleicht vorher gerade einen Joint geraucht, auch damit Teil der Avantgarde seines Jahrganges.

Im Kontrast zum Refrain sind die Strophen alles andere als leicht verständlich. John Lennon bediente sich einer Sprache, die er auch im Buch Kohelet in der Bibel hätten finden können oder bei „Blowin' in the Wind" von Bob Dylan, der ja ebenfalls einen alttestamentlichen Hintergrund hat.

Lennon bürstete gerne gegen den Strich. Auch hier operierte er mit symmetrischen Sätzen, die zugleich Antagonismen beinhalteten. Die chiastische Struktur zieht sich durch und wird durch einfache Harmonien konterkariert.

„There's nothing you can do that can't be done - Nothing you can sing that can't be sung - Nothing you can say but you can learn how to play the game"

"It's easy..." folgerte er Schluss – und das ist nicht logisch nachzuvollziehen. Die Widersprüchlichkeit ist Konzept, passend zum widerborstigen John. Zugleich ist dieses Stück irrational – passend zu den philosophischen Tendenzen jener Jahre, die sich abhoben von den stimmigen Konzepten, die in Kriegen endeten. Man kann sich an die Sprache der Existentialisten erinnern.

Es passt auch zur Liebe, denn diese ist ebenfalls nicht rational. Und es enthält eine christliche Botschaft, die am besten außerhalb christlicher Gemeinschaften verkündet wird, um ihre Sprengkraft zu behalten.

John Lennon war, wenn man seiner Frau Cynthia[121] glauben darf – was ich tue -, keineswegs der Mann der Liebe und des

---

[121] Cynthia Lennon, John

Friedens, wenn es um das eigene Umfeld ging. Das macht diesen Song ein Stück weit noch besser: Der Dichter ist in seinem Dichten seiner Person weit voraus – das erlebten wir 500 Jahre vorher beim Reformator Martin Luther, der persönlich auch sehr schwierig war und 2000 Jahre vorher beim Apostel Paulus, der tolle Erkenntnisse niederschrieb[122], aber im Umgang sich als problematisch erwies.

Vielleicht gehört das zum Wesen der Kunst, dass sie weiter ist als der Künstler selber. Im Fall von Sgt. Pepper wird dies noch potenziert: Die Kunst jenes Albums ist dem Quartett oder Quintett (mit George Martin), das es produzierte, uneinholbar voraus.

Was wollen sie mehr!

25 Encore: eine Woche Rundfunkandachten

Eine Woche lang gestaltete ich im Juli 2017 Rundfunkandachten im Sendegebiet von Nürnberg. Das nutzte ich natürlich schamlos für eine Sgt.-Pepper-Exegese. Die Ergebnisse füge ich als „Zugabe" an.

Schock am Montag

Anfang Juni war ich ein bisschen geschockt. Es war schlimmer als bei einem runden Geburtstag. Beim 30., 40., 50., 60., 70. fragst du dich auch manchmal: So alt schon? Und das fällt dir auch bei

---

[122] Etwa: Hier ist kein Unterschied zwischen Mann und Frau. Gal.3,23

Freunden ein. Aber wir leben ja schließlich täglich mit uns selber und da überrascht uns unser Alter nicht wirklich...

Doch Anfang Juni prangte auf der Titelseite der Nürnberger Nachrichten ein Bild der Beatles: „50 Jahre Sgt. Pepper's Lonely Hearts Club Band". Fünfzig Jahre schon? Als ich die Platte 1967zum ersten Mal hörte, hieß 50 Jahre: 1917, also Erster Weltkrieg, dazwischen lag dann noch der zweite Weltkrieg. Das sind Welten!

Jetzt ist es bei uns auch so weit? Die Beatles in grauer Vorzeit, die bunte Carneby-Street gehört nicht den Mama & Papas, sondern den Omas & Opas...

„Meine Zeit steht in deinen Händen..." sagt der Prediger in der Bibel. Damit meint er Gottes Hände, und doch stellt sich auch ganz persönlich die Frage: Was **machst** du mit deiner Zeit? nachdem du darüber nachgedacht hast, was du mit deiner Zeit **gemacht** hast, die letzten 10 oder auch mehr Jahre...

Dienstag: Sgt Peppers Identität

Als die vier Beatles vor 50 Jahren ihr Jahrhundertwerk „Sgt. Pepper" präsentierten, lebten sie fast schon in einer Wirklichkeit für sich selbst. Mit noch nicht einmal dreißig Jahren waren sie Mythen. Man konnte sich fragen, ob es sie wirklich gibt... und ganz schlaue Leute lasen aus der Blumenbassgitarre heraus, dass der Bassist Paul McCartney schon tot sei...

Die Beatles selbst erlebten es wie einen Fluch, ein Mythos zu sein. „Können wir uns nicht eine neue Identität geben?", fragten sie sich... und kreierten Sgt. Pepper's Lonely Hearts Club Band. Sie erfanden sich neu.

Auf dem Cover des Albums stehen folgerichtig die Sgt.-Pepper-Beatles in schillernden Phantasieuniformen neben den klassischen Beatles, die sie aus dem Wachsfigurenkabinett von Madame Toussauds geholt hatten.

Eine neue Identität, nicht mehr festgelegt auf das, was ich mal war, sondern mit ganz neuen Chancen? Als ihr Album erschien, wurden die Beatles als die Allergrößten gefeiert. Ihnen war ein Meisterstück gelungen, aber was nicht gelang: Die neuen Kleider und der neue Sound verlieh ihnen keine neue Identität. Sie mussten mit ihrer Vergangenheit weiterleben, nun ergänzt durch ein Stück unübertreffbarer Popmusik.

Wednesday morning: She's leaving home
Anlässlich des 50. Jubiläums hörte ich mir öfters das musikalische Meisterwerk der Beatles Sgt. Pepper an. Bei dem Lied „She's leaving home" machte ich eine eigentümliche Erfahrung. Es ist die Geschichte eines Mädchens, das von zu Hause wegläuft und irgendwo eine Arbeitsstelle sucht. Die Beatles erzählen die Geschichte, übernehmen aber auch Stimme und Tonfall der Eltern. Es ist berührend, wie die Eltern das Beste

für das Kind wollten und nun gar nicht verstehen, dass es aus dieser geschützten Umgebung ausbricht.

Ich fühle mich immer noch auf der Seite des Mädchens. Ich sehe diese Eltern ganz distanziert. Als Vater eines Sohnes im entsprechenden Alter müsste ich eigentlich die Elternperspektive haben, aber das Lied meiner Jugend hat sich so tief eingeprägt, dass ich hier nicht die Seiten wechsle... Da merke ich, wie nahe mir meine eigene Jugend ist, auch wenn der Spiegel morgens und abends nicht lügt...

Donnerstag: It's getting better

Seit nunmehr fünfzig Jahren hören zahllose Menschen immer wieder die Musik der Beatles mit ihrem Album Sgt. Pepper. Seit nunmehr fünfzig Jahren spielen sie dabei auch den Titel „It's getting better all the time...".

Nach fünfzig Jahren kann man mal fragen, ob das überhaupt stimmt. Es wird besser – die ganze Zeit über... Ehrlich?

Als Pfarrer stehe ich oft auf dem Friedhof. Da kommt das Lebensende in den Blick und ganz oft der Wunsch von Angehörigen, dass das gemeinsame Leben doch weiter gegangen wäre... Es wird täglich besser stimmt bei der Erfahrung des Todes nicht.

Andererseits galt beim Erscheinen des Beatlesalbums das Gesetz, dass Ehefrauen ihre Männer um Erlaubnis bitten mussten, um einer Erwerbstätigkeit nachgehen zu können. Das ist heute anders und im Prinzip bestimmt besser...

Ja, in mancher Hinsicht wird wirklich vieles besser. Unser Leben ist von viel mehr Freiheiten geprägt und auch einem beruhigenden Wohlstand. Das kam freilich nicht von selbst und es bleibt auch nicht selbstverständlich. Wir müssen schon auch das unsrige dazu beitragen, dass es besser wird und gut bleibt.

Freitag: Ein Leben voller Löcher?

Mein sechsjähriger Sohn hat gerade seine Kinder-CDs entsorgt und greift nach den... also, ich sage mal „Beatles", er selbst nennt sie mit seinen mangelnden Englischkenntnissen Bibels.

Nein, die Beatles haben nicht den Stellenwert der Bibel. Trotzdem brachten sie Aspekte des Lebens auf betrachtenswerte künstlerische Punkte.

Ihr berühmtes Album Sgt. Pepper schließt mit „A day in the life" und dieses Lied wiederum mit einem gewaltigen Klavierhammerschlag, der über eine Minute lang aushallt...

Sie erzählen darin von einem Mann, der sein Leben aushaucht, weil er übersah, dass die Ampel auf Rot schaltete. Sie erzählen davon, dass 4000 Löcher in einer Straße in Lancashire gezählt wurden. Zwei von vielen Aspekten, bei denen man sich fragt: haben sie auch nur annähernd dieselbe Bedeutung?

Mit wie vielen Straßenlöchern kann man wohl mein Leben

füllen, wenn ich die rote Ampel übersehen habe? Oder sollte ich doch wieder mal in den Gottesdienst gehen, wenn mir keine Antwort darauf kommt? Oder soll ich mich lieber von Träumen benebeln lassen? Ich würde dich gerne in Schwung bringen, I'd love to turn you on...

26 Quellen u Infos

Sgt Pepper's Lonely Hearts Club Band (CD mit Booklet)
Martin, Giles, Sgt. Pepper 50 Years
Martin, George, Summer of Love
Alberts, Heinrich, Blumen für Stukenbrock
Alberts, Heinrich, Nachträge
Grasskamp, Das Cover von Sgt. Pepper
Hertsgaard, Mark, the Beatles, die Geschichte ihrer Musik
Toropov, Brandon, Wer war Eleanor Rigby?
Moers, Rainer, Neumann, Wolfgang, Rombeck, Hans, Die
Lewinson, Mark, Die Beatles im Studio
Moltmann, Jürgen, Mensch
Norman, Philipp, Shout!
Norman, Philipp, Die wahre Geschichte der Beatles
Lennon, Cythia, Mein Leben mit John
Rolling Stone, März 2014, McCartney, Paul, Interviews
Rolling Stone, Juni 2017 (50 Jahre Sgt. Pepper's)
Schoßwald, Volker, Lucy, der Himmel und ich"

Generationenübergreifende Musik